# 반듯한 아이의
## 범죄심리

MAJIME NA KODOMO NO HANZAI SINRIGAKU
- NAZE, HYOBAN NO YOI KO GA HITO WO KOROSUNOKA
by Taizo Kato
Copyright © 2009 by Taizo Kato
Original Japanese edition published by Takarajimasha, Inc.
Korean translation rights arranged with Takarajimasha, Inc.
Through JM Contents Agency Co., Korea.
Korean translation rights © 2020 by GWORLD
이 책은 JMCA를 통해 일본의 Takarajimasha, Inc.와 독점 계약하여 한국어판 출판권이 좋은땅에 있습니다.
저작권법에 의해 한국 내에서 보호를 받는 저작물이므로 무단 전재와 복제를 금합니다.

# 반듯한 아이의
# 범죄심리

ⓒ 장원재, 2021

초판 1쇄 발행 2021년 2월 4일

| | |
|---|---|
| 지은이 | 가토 타이조 |
| 옮긴이 | 장원재 |
| 감수 | 유현실 |
| 펴낸이 | 이기봉 |
| 편집 | 좋은땅 편집팀 |
| 펴낸곳 | 도서출판 좋은땅 |
| 주소 | 서울 마포구 성지길 25 보광빌딩 2층 |
| 전화 | 02)374-8616~7 |
| 팩스 | 02)374-8614 |
| 이메일 | gworldbook@naver.com |
| 홈페이지 | www.g-world.co.kr |

ISBN  979-11-6649-294-5 (03180)

# 반듯한 아이의 범죄심리

모든 행동엔 동기가 있다

가토 타이조 지음 | 장원재 옮김 | 유현실 감수

반듯한 줄 알았던 아이가 어째서 살인을 하게 되었을까?

좋은땅

2018년 말 방송가를 뜨겁게 달구며 당시 최고의 시청률을 보였던 드라마, '스카이캐슬'은 단절되고 심하게 왜곡된 우리 사회와 가족의 단면을 적나라하게 묘사해 주었다.

오늘날 하루가 다르게 발생하는 청소년 범죄, 그 범죄를 다루는 기사는 이미 우리나라에서도 어렵지 않게 접할 수 있는 시대가 되었다. 뿐만 아니라 청소년 범죄의 심각성은 성인 범죄의 수준에 못지않게 갈수록 흉포해져 가는 게 오늘날의 실상이기도 하다.

그러한 점에서 저자 가토 타이조 교수는 청소년 범죄에 대한 우리의 편견에 일갈을 가한다. 즉, 우리의 편견과는 다르게 청소년에 의해 발생하는 상당수 흉악범죄는 실제로 주변으로부터 꽤나 좋은 평판을 받는 이들에 의해 발생한다는 점이다. 따라서 이들에 의한 예기치 못한 범죄의 피해는 당연히 예기치 못할 정도로 클 수밖에 없다는 점을 강조한다.

이 책에서 저자는 단순히 범죄를 일으키는 심리에 대한 해부, 그 이상의 화두를 던지고 있다. 인간이 범죄를 일으키는 행동 이면에는 반드시 어떠한 동기가 있으며 그 동기는 칼 융의 분석심리학적 관점, 즉 우리 마음속에서 의식의 영역이 아닌 무의식에 자리 잡은 쌓여 있는 분노, 두려움 등과 같은 극도로 회피하고픈 부정적 감정들이라는 것이다.

이는 바꾸어 말하면 우리의 모든 행동엔 반드시 동기가 있음을 시사해 준다. 다시 말해, 우리 인간은 우리의 모든 행동 이면에 그 행동을 이끌어 가는 동기가 있음을 인지하지 못할 때가 많다는 점이다. 이는 비단 우리 사회의 강력 범죄의 경우에만 해당되는 것이 아니라 우리의 모든 삶 가운데 동일한 원리를 적용할 수 있다. 마찬가지로 크리스천인 역자의 삶에서도 매 순간 자신의 무의식의 동기를 끊임없이 살피며 기도와 묵상의 자리에 올려놓는 작업이야말로 정말이지 더없이 중요한 일과가 되었다.

이 책은 이 시대를 살아가는 평범한 부모들에게 자식을 어떻게 양육해야 하는지에 대해 매우 중요한 시사점을 제공해 준다.

제아무리 부모가 좋은 여건과 좋은 양육 환경을 자녀에게 제공해 준다고 하더라도 부모가 자녀의 마음을 제대로 이해하지 못하고 일방적이고 강압적인 훈육의 방식만을 계속할 때, 엄청난 교육열로 자녀를 남보란 듯이 키웠지만 가족 간의 대화와 소통이 단절될 때, 겉으로 드러난 모습만으로 내 자식은 아무 문제가 없을 것이라는 부모의 자만이 팽배할 때, 우리 자녀들의 내면에, 다시 말해 그들의 무의식의 바닥에 쌓여 가는 분노, 두려움의 그림자가 우리의 가정과 사회에 드리워질 때 그 위협과 피해는 상상 이상이라는 점이다.

이제 우리나라도 청소년 범죄의 동기와 배경에 대해 다각적이고 보다 전문적인 관점에서 접근해야 할 시기가 도래했다고 본다. 특히 겉으로 드러난 측면만을 중요시하는 우리의 문화적 성향으로 인해 우리 사회는 청소년 범죄에 대한 우리의 편견을 심화시키고 나아가 청소년 범죄의 발생을 제대로 예측하지 못하거나, 이러한 청소년 범죄에 적절하게 대응하지 못하고 있다.

이러한 측면에서 이 책 『반듯한 아이의 범죄심리』는 부모라면 누구라도 한번쯤은 일독할 것을 권한다. 또한 자녀의 교육에 관심을 갖고 있는 다양한 계층, 다양한 현장에서 이 책에 담긴 내용과 사례들이 폭넓게 다루어지길 기대한다.

아울러 끊임없이 옆에서 격려해 주고 응원해 준 고마운 아내와 눈에 넣어도 아프지 않을 사랑하는 두 아들, 늘 한없는 사랑을 베풀어 주시는 양가 부모님, 그리고 바쁜 일정 가운데에도 선뜻 감수해 주신 단국대학교 유현실 교수님께 지면을 빌려 진심으로 감사를 드린다.

마지막으로 부족하기 그지없는 존재를 늘 지켜 주시고 항상 곁에서 인도하시며 동행하여 주시는 하나님께 모든 영광을 돌린다.

제주 아라동
GOOD Nature 연구실에서

반듯한 아이의 범죄심리

엄마를 도와주던 「착한 아이」는 왜 자신의 엄마를 죽였을까?

자식에게 애착이 강했던 부모의 자녀는 왜 아빠를 죽였을까?

사이좋던 가족이었는데 딸은 왜 엄마를 독살하려고 했을까?

얌전한 성격의 아이는 왜 아기를 높은 데서 떨어뜨렸을까?

밝고 성적도 우수한 아이는 왜 부모와 할머니까지 죽였을까?

직장과 지역에서도 평판이 좋고 반듯한 경찰관은 왜 대낮에 은행 강도로 돌변했을까?

예의 바른 아이는 왜 사람을 죽였을까?

사회적 책임을 훌륭하게 완수한 사람은 왜 자녀교육에 실패하고 말았을까?

근면하고 착실한 사람들이 모인 집단에서 왜 자살이 생길까?

착실하고 머리 좋은 사람이 왜 옴진리교와 같은 사이비집단에 들어가게 되었을까?

반듯한 청년은 왜 세계에서 가장 무서운 테러리스트가 되었을까?

신문이나 TV 등과 같은 매체에서는「풀리지 않는 수수께끼」,「영원히 풀리지 않을 것 같은 수수께끼」,「돌발적인 행동으로밖엔 보이지 않아」, 등의 타이틀로 기사를 써내려 가지만, 이러한 것들을「무의식」으로까지 시야를 넓혀 생각해 보면 충분히 설명이 가능한 것이다.

사람은 대체로 자신이 생각한 대로의 자신은 아니다.

'인류가 지금까지 한 최대의 발견은 무엇인가?'라고 묻는다면 사람에 따라 의견이 분분하겠지만 그것은 바로「무의식」이라고 할 수 있다. 나 역시 그렇게 생각한다.

이「무의식」이라고 하는 마음의 영역의 문제는 '왜 어떤 사람은 교제가 잘 되는 반면에, 어떤 사람은 그렇지 않은 걸까?'라고 하는 인간관계의 문제를 생각하게 될 때도 중요한 단서가 되곤 한다.

'난 그렇게 노력했는데도 어째서 여러 가지 일들이 잘 풀리지 않는 걸 까?'라고 생각하는 사람들이 상당히 많을 것이다. 그러나 아무리 노력을 거듭한다고 해도 자신의 무의식에 문제를 안고 있으면 노력은 그다지 좋은 성과를 낼 수 없다.

예를 들면 엄마는 "그렇게 잘해 주었는데도 아이가 문제를 일으킨다." 며 화를 가라앉히지 못한다. 아빠는 "애들 말이라면 그토록 다 들어줬는 데도 아이들 성적은 개판이고 학교생활도 뒤처지고 나쁜 행동을 밥 먹 듯이 일삼고 이제 집에서 폭력까지 휘두른다."며 깊은 탄식을 한다.

분명히 다른 사람들보다도 더 노력하고 다른 사람들보다 더 고통을 참고 다른 사람들보다 더 착실하게 사는데도 왜 그런지 여러 가지 일들이 여느 사람들보다 잘 풀리지 않는 사람이 있다. 다른 사람들보다 가족에게 잘했고 다른 사람들보다 가족을 위해 노력하며 그렇게 살면서도 자녀가 일으키는 말썽, 문제로 괴로워한다. 다른 사람들보다 아이들에게 풍족한 환경을 만들어 주었는데도 아이가 문제아가 되어 가는 것을 어떻게 받아들여야 하나?

다른 사람들보다 인내하며 살아온 인생에 어째서 이토록 좌절이 계속되는가?

내가 알고 있는 어떤 여자는 "내 자신은 누구보다도 착실하게 살아왔어요. 그 누구보다 착실하게 살려고 노력했어요."라고 한다. 그런데도 그녀의 자녀는 차례차례 문제를 일으킨다. '난 평생 나쁜 짓도 안 하고 살았는데 왜 내 인생은 이렇게 운이 없는 것일까?'라며 그녀는 탄식한다. 실제 그녀의 인생은 왜 그런지 여태껏 고난의 연속이었던 것 같다.

도대체, 이런 일은 왜 생기게 되는 걸까? 불공평하다고, 이렇게 불공평한 일도 없을 것이라는 생각이 든다. 이상하게도 내게 있어 자녀 문제로 고민을 하며 상담하러 오는 사람들은 대부분 이러한 유형이다. 정말이지 착실한 노력가들이라고 할 수 있다.

부모는 열심히 일해서 비싼 수업료를 내고 자녀를 좋은 학교에 보낸다. 그런데도, 자녀는 학교에 가지 않으려 한다. 대학에 들어가니 무기력한 아이가 되었다. 아이를 위해 평생 자신의 모든 걸 바쳤지만, 가정은 무엇 하나 제대로 풀리는 게 없고 자녀들 문제로 고민만 계속된다.

세상을 떠들썩하게 한 이런저런 「반듯한 아이」의 사회적 사건.

일본은 세계에서도 교육열이 엄청난 나라이지만, 그러나 여러 가지 데이터를 보면 일본 가족 간의 심적 유대는 세계에서도 유례를 볼 수 없을 정도로 붕괴되어 간다고 할 수 있다.

예를 들면 '무엇에 보람을 느끼나?'라는 물음에 「가족과 함께 있을 때」라고 답한 비율은 일본 젊은이가 세계에서 가장 낮은 21.3%라는 수치가 나왔다. 다음으로 한국이 42.5%, 미국이 77.8%였다. 이 데이터는 1989년의 수치지만 이후에도 수치는 비슷하리라 생각된다.

우울증, 소진 증후군[1], 등교 거부, 니트족[2], 히키코모리[3], 청소년의 흉악범죄, 가정 내 폭력, 육아노이로제, 아동학대, 동반자살, 대학생의 무기력증[4], 직장인의 신경증, 자살 등등… 이러한 것들은 현대 일본인이 겪고 있는 마음의 문제가 뜻밖에 착실한 노력형의 사람에게서 나타나고 있음을 보여 준다.

이제는 부모도, 자식도, 노력에 보답받기 쉽지 않은 세상이 되었다. 그런데 어째서, 그러한 노력은 보답을 받지 못하는 걸까? 마치 행복을 도

---

1  어떤 일에 몰두하던 사람이 그것을 성취했을 때, 목표 상실감과 함께 갑자기 무기력해지는 증상(우울·전신 권태·두통 등의 증상이 나타남)
2  (취업에 대한 의욕이 없는) 자발적 실업자: 학교도 다니지 않고 직업 훈련도 받지 않는 15~34세 사이의 청년 무직자
3  은둔형 외톨이. 일본어로 '방에 틀어박히다', '뒤로 물러나다'라는 의미. 6개월 이상 길게는 3~4년, 심하면 10년 이상 다른 사람과 말도 안 하고 혼자 생활하는 젊은이를 지칭하는 일본의 신조어
4  Student Apathy; 우수한 대학생이 특히 아무 까닭 없이 학업에 대해 무기력해지는 현상으로 청소년기부터 성인기에 걸쳐 생기는 무기력한 상태를 말함.

반듯한 아이의 범죄심리

화지에 그린 듯한 가정에서 사람을 죽이는 소년이 나오고 학교에서 매우 모범생이라는 소년이 극악무도의 범죄를 일으킨다. 이러한 일은 대체 왜 일어나는 걸까?

사람은 외부에 적응하지 않으면 살 수 없는 동물이다. 그러나 외부에 적응한다고 해서 동일하게 우리 내부에도 적응하는 것은 아니다. 다시 말하면 사회적으로 적응하는 것이 동일하게 정서적으로 적응하는 것은 아니라는 것이다. 겉으로는 문제가 없고 사회적으로 적응하고 있는 것처럼 보여도 실은 정서적으로, 즉 정신적으로 적응하지 못한 케이스가 많다.

17세의 반듯한 소년은 범죄를 일으키기 전에는 지나칠 정도로 사회에 적응해 왔다. 무기력해진 대학생, 즉 대학생무기력증도 같은 것이라 할 수 있다. 이들은 무기력해지기 전에 과도하게 사회에 적응해 왔다.

부적응 이전의「과잉적응」

범죄가 알려지고 난 후, '그 사람이 그런 일을 저질렀다니 도저히 믿어지지 않아'라고 하는 주변 사람들의 반응… 그러한 언론 보도들… 대체 그들의 생각 어디에 문제가 있는 것일까? 앞서 '자신은 자신이 생각하고 있는 자신은 아니다'라고 얘기했지만 다른 사람 역시 나에 대해 '자기가 생각하고 있던 그런 사람이 아니다'라고 느끼는 경우도 많다. 만약 그것을 이해할 수 있게 된다면 신문 등에서 '왜?'라고 큰 타이틀이 붙은 기사는 반대로 '역시 그랬군'이라는 제목으로 바뀌어야 할 것이다.

이 책에서는 실제로 매스컴을 떠들썩하게 했던 이런저런「반듯한 아

이의 사회적 사건」과 그 당사자인 아이들의 정신분석을 통해 현대인의
심리상태를 파헤치고 있다. 덧붙여 그러한 시도를 통해 독자들은 각각
의 구체적인 사건과 함께 「마음의 발전단계」에 대해서도 생각해 볼 수
있는 계기가 될 수 있기를 바란다.

반듯한 아이의 범죄심리

# 차례

──── 제 1 장 ────
## 모든 행동에는 동기가 있다

──── 제 2 장 ────
## 반듯한 아이가 왜 범죄를 저지르는가

─── 제 5 장 ───────────
# 「疑似成長」: 가짜성장한 어른들

—— 제 6장 ——

# 「결핍동기」와 「성장동기」 – 인간의 행동과 마음

# 제1장

# 모든 행동에는 동기가 있다

# 아침인사 "안녕하세요?"에 담겨진 여러 가지 동기

먼저 사회적으로 파장을 불러일으킨 청소년에 의한 사건에 대해 언급하기 전에 알아두어야 할 것은 「행동」과 「마음」은 다르다는 점이다.

행동 하나하나에는 여러 가지 마음이 존재한다. 같은 행동이라 할지라도 그 동기를 살펴보면 여러 가지 면에서 다르다고 할 수 있다.

범죄가 일어나면 우리는 여기저기서 '범죄의 동기가 무엇인지'를 알아내려고 하지만 평범한 일상생활의 사소한 행동 하나하나만 놓고 보아도 동기는 다양하다. "안녕하세요?"라고 하는 아침인사에서부터 "안녕히 주무세요."라고 하는 하루의 마침 인사에 이르기까지 매일 우리들의 말과 행동에는 반드시 각각의 동기가 있다고 할 수 있다.

예를 들면 "안녕하세요?" 하고 곧잘 인사를 하는 아이한테도 사실은 그 동기는 제각각이다. 의사소통의 방식으로 "안녕하세요?" 하고 인사하는 아이가 있는가 하면 다른 사람에게 불편을 끼치지 않으려 하는 자기

집착으로부터 인사하는 아이도 있다.

전자의 경우, 시간이 지날수록 친근함이 묻어나는 인사로 발전한다. 인사법도 연령, 환경에 따라 그에 걸맞은 형태로 바뀌어 간다. 그에 반해 후자의 경우는 몇 년이 지나도 여전히 인사하는 패턴이 달라지지 않는다. 붙임성 있고 착해 보이는 아이 중에도 진정으로 다가오는 마음으로 붙임성이 좋은 아이가 있는가 하면, 불안으로부터 어쩔 수 없이 붙임성이 있는 것처럼 행동하는 아이가 있다. 그와 같이 인사하는 이면에 숨겨진 차이를 생각하지 않고 결국 동기인 마음에는 눈을 돌리지 않은 채, 언론은 사건을 일으킨 아이에 대해 '인사성도 밝고 착한 아이였다'고 기사를 써내려 간다.

게다가 사람에게는 「의식되어 있는 동기」와 「의식되지 않은 동기」가 있다. 여기서 문제를 일으키는 것은 의식되지 않은 동기다. 곧잘 '협조하는 것이 중요하다'고 이야기하지만 그 '협조'라고 하는 것에도 동기는 문제가 된다. 무의식의 불안, 공포심으로부터 상대의 비위를 맞추기 위해 애쓰는 것과 애정이나 배려심으로부터 상대에 맞추려고 하는 것은 성격이 전혀 다르다.

불안이나 자신감의 결여된 상태에서 상대의 비위를 맞추려고 하는 것은 영합[5]이다. 불안으로부터 상대의 비위를 맞추려고 하는 것은 자기부재의 사람이다. 이것은 심리적으로 결코 바람직한 것이 못된다. 밖에서

---

5   사사로운 이익을 위해 아첨하며 좇음(표준국어대사전)

반듯한 아이의 범죄심리

보면 협조적으로 보이지만 심리적으로는 계속해서 자신을 억압하고 있는 것이다.

애정이나 배려심으로부터 상대에 맞추려고 하는 사람이 있는가 하면, 자신을 지키기 위해 결국 상대로부터 배척당하지 않기 위해 상대의 비위를 맞추려고 애쓰는 사람이 있다는 것이다. 배려심으로부터 상대에 맞추려고 하는 사람은 점점 더 애정이 깊어지고 상냥한 사람으로 되어 가지만, 자신을 지키기 위해 상대에 맞추려고 하는 사람은 점점 더 불안에 갇힌 사람이 되고 만다. 나중에 더 자세히 설명하겠지만, '행동은 그 동기가 되는 생각을 강화한다'고 할 수 있다.

그래서 자신감이 결여된 상태에서 상대의 비위를 맞추려고 하다 보면 결국 스트레스는 더욱 가중될 뿐이다. 하지 않아도 되는 일을 상대의 비위를 맞추기 위해 억지로 하게 되기 때문이다. 상대에 맞추기 위해 '좋아요'라고 말해 버렸기 때문에 할 필요가 없는, 또는 하고 싶지 않은 여러 가지 일을 해야만 하기 때문이다. 이것은 참으로 엄청난 스트레스다. 반면에 사랑의 동기로 상대에 맞추려고 하는 사람에게는 이러한 스트레스가 없다.

# 효자나 마마보이나 행동은 같다

주변으로부터 원만하다는 평가를 받는 사람도 실제 마음 안을 들여다보면 보기와는 매우 다를 수 있다. 흔히 주변 사람들과 원만하게 지내는 사람들을 두고 인간성이 좋다고 한다. 그러나 좋은 사람이라는 평가를 받기 위해 주변과 원만하게 지내려 한다면 그는 일종의 자기집착 즉, 자기중심적인 방어적인 인간이라고 할 수 있다. 다시 말해 상대에게 초점을 둔 본연의 마음에서 우러나오는 동기에서 비롯된 행동이 아니기 때문에 그러한 자신의 행동이 본연의 마음으로부터 왜곡되면 될수록 그만큼 증오심을 갖게 된다. 또한 그런 사람은 상대방이 자신을 좋게 평가해 주길 기대하게 되는데 만약 그 사람이 기대하는 바를 충족해 주지 않으면 마찬가지 증오심이 생기게 된다.

엄마를 곧잘 도와주던 자녀가 자신의 엄마를 죽였다고 하는 기사에서 신문이나 TV가 줄곧 묻는 것은 '그 아이는 왜 그랬을까?'라는 것이다. 사회심리학자 에리히 프롬이 지적한 것처럼 복종의 이면에는 증오심이 내재된 적의가 자리 잡고 있다. 외롭게 자란 아이는 호의나 관심을 받고 싶어 무리를 해서라도 「착한 아이」가 되려고 하며, 열등감이 있는 아이는 인정을 받고 싶은 욕구에서 정말이지 열심히 노력한다.

엄마를 좋아하는 아이가 엄마를 도와주는 것과 엄마를 싫어하는 아이가 엄마를 도와주는 것은 행동은 같아 보이지만 마음은 전혀 다르다. 반대로 말하면 마음은 전혀 다르지만 겉으로 드러난 행동은 같아 보인다는 것이다.

엄마를 싫어하는 아이라 할지라도 외롭게 되면 엄마에게 관심을 받고 싶은 욕구에서 무리를 해서라도 엄마를 돕게 된다. 하지만 엄마를 싫어하는 아이는 엄마의 일을 진정으로 도우려고 하는 것이 아니라 하고 싶지 않은데 해야 하기 때문에 여기서 증오심이 생기게 된다. 당연한 이치다.

만일 아이가 부모를 싫어하고 있다면 그 아이를 움직이는 동기는 바로 「불안」이다. 성인이 되어서도 노이로제로 시달리게 되는 바로 그런 유형이다. 같은 버릇없는 아이라고 할지라도 그 마음에 있어서는 다르다. 부모로부터 버림받는 것이 두려운 나머지 자신의 행동을 규제하는 아이가 있는가 하면 부모에 대한 공포로 인해 자신을 규제하는 「자기 자신은 없는 착한 아이」가 있다. 자신을 억압해서 무리를 하는 아이의 마음에는 증오심이 쌓이게 되고 언제고 살인을 저지를 수 있다고 해도 어쩌면 이는 예정된 결과라고 할 수 있다.

좋아하는 사람을 위해 자신의 행동을 규제하는 아이가 있는 것처럼, 좋아하는 엄마를 위해 자신의 행동을 규제하는 「자기 자신이 있는 착한 아이」도 있다. 이 경우 자신의 행동을 규제하여도 증오의 감정은 일어나지 않는다. 왜냐하면 자신이 하고 싶어 하는 것이기 때문이다. 대체로 마마보이와 효자의 행동은 대부분 같다고 할 수 있다. 마마보이는 부모를 진심으로 존경해서가 아니라 부모를 무서워하여 부모에게 순종하는 것이며 부모로부터 '칭찬'이라는 평가를 받고 싶은 욕구가 강하여 부모에게 봉사하는 것이다. 이 경우 중요한 것은 부모가 아니고 자기 자신이다.

한편, 진정한 효자에게 중요한 대상은 부모이다. 예를 들어 부모가 치매에 걸리게 되면 자식이 효자인지 아니면 마마보인지를 바로 알 수 있다. 비록 자신이 「효자」라고 우긴다 해도 근친상간적 고착 즉, 심리적 분리가 되어 있지 않은 상태로 제아무리 효자라고 떠들어대도 부모가 치매에 걸리면 바로 부모를 외면한다. 그러나 진정한 효자는 치매에 걸린 부모를 결코 외면하지 않는다.

이런 얘기가 있다. 일본의 어느 회사에서 어떤 직원이 두 시간에 걸쳐 출퇴근을 했는데 아마도 집에 연로하신 모친이 있었던 모양이다. 직장의 상사, 동료들은 그를 마마보이라고 불렀다고 한다. 이에 마음이 상한 그는 어느 날 회사를 그만두겠다는 마음을 먹고 마지막으로 하소연을 하려고 직접 사장실을 찾았다. "나를 마마보이라고 하는 회사에 더 이상 다니고 싶지 않습니다." 그러자 사장은 "그럼 자네 말대로 해."라고

반듯한 아이의 범죄심리

했다. 사장은 다름 아닌 외국인이었던 것이다. 직원은 사장이 뭔가를 해 주길 바랐겠지만 외국인인 사장의 눈에는 그런 이유로 직장을 그만두겠다는 직원이 쉽게 이해되지 않았을 것이다. 어쩌면 그는 정말 마마보이였는지도 모르겠다. 그가 정말 효자였다면 동료들이 자신을 그렇게 불렀다고 한들 그게 뭐 그리 대수로운 일인가?

# 자기실현적 헌신과 자기희생적 헌신

신문에서 곧잘 「순수하고 착한 아이」라는 표현을 쓰지만 순수한 아이는 이런 유(類)의 사건을 일으키지 않는다. 사건을 일으키는 유형은 「순종적인 아이」, 다시 말해 「복종하는 아이」라고 할 수 있다. 순수한 아이에게는 자신의 의지가 있지만 복종하는 아이에게는 자신의 의지가 없다. 마음에 감춰진 증오의 감정밖에 없다. 일본문화에는 헌신이나 자기희생이라고 하는 가치를 다른 가치보다 높게 평가하려는 경향이 있다. 따라서 「부모를 돕는 아이」는 주변으로부터 높은 평가를 받곤 한다.

회사에 대한 헌신, 존경하는 사람에 대한 헌신, 그러한 대상에 대한 무리한 헌신의 결과로 에너지를 소진하는 경우가 있다. 에너지를 소진하게 되면 주변에 폐를 끼치기 때문에 자신의 무리한 노력의 결과로 인해 주변으로부터는 자신이 짐이 된다고 느낀다.

그렇다고 해서 헌신 그 자체가 나쁜 것은 아니다. 여기에서도 헌신의

반듯한 아이의 범죄심리

동기는 문제가 된다. 「자기실현적 헌신」은 능동형의 표현이며 「자기희생적 헌신」은 의존형의 표현이다. 정신분석학자 프롬 라이히만은 자기희생적 헌신을 '극도의 의존성의 표현'이라고도 말한다.

회사에 헌신하고는 있지만 회사로부터 보답을 받지 못하는 경우가 있을 수 있다. 사람에게 헌신하면서도 그 사람으로부터 감사하다는 소리를 못 듣는 경우도 있다. 거기서 심한 불만이 생기게 된다. 증오의 감정으로 발전하게 되는 것도 그리 이상한 일은 아니다.

그러나 자기실현적 헌신을 하는 사람은 다른 사람에게 에너지를 쏟으면서도 그것을 즐거움으로 여긴다. 희생을 하고 있다는 의식조차 없다. 그래서 스트레스도 없다. 물론 즐거운 것만 있는 것이 아니고 힘든 일도 많을 것이다. 때론 곤란한 경우도 많을 것이다. 하지만 자기 마음으로부터 하고 싶은 것을 하기 때문에 정신적으로도 지치는 경우는 그다지 없다. 그래서 결과적으로 소진하지 않는다.

자기희생적 헌신은 엄밀히 말하면 헌신이 아니다. '당신 때문에'라고 말은 하지만 실제는 자신이 싫은 상대가 되고 싶지 않기 때문에 하는 것일 뿐이다. 연인에게 과자를 만들어 줄 때도 "당신 때문에 용기를 내어 만들어 봤어요."라고 말한다. 상대방은 먹고 싶지 않아도 먹지 않으면 안 되게 된다. 그래서 "먹고 싶지 않아."라고 말하기가 어렵게 된다.

자기희생적 헌신으로부터 '당신 때문에'라고 하는 것은 거짓일 수 있다. 오히려 '싫은 상대가 되고 싶지 않아' 혹은 '너를 붙들고 싶어'가 본심에 가깝다고 할 수 있다.

실제로 '당신 때문에'라고 하며 자신의 독점욕을 정당화하려는 것은 엄마뿐만이 아니다. 연인에게 차일 것 같은 순간이 오면 '내가 그동안 당신한테 어떻게 해 줬는데…'라고 상대를 원망하는 사람들도 많다. 연인을 향한 헌신으로 인해 에너지를 소진한 사람의 경우, 실은 자신의 독점욕으로 인해 소모되었을 뿐이다. 그래서 '당신 때문에'라고 이유를 대면서도 그 사람은 엄마에게도 연인에게도 대부분 진정한 자신의 목적을 갖고 있지 못한 경우가 많다. 지금까지 본 바와 같이 사람은 다른 동기에 의해 같은 행동을 할 수 있다. 이것이 이해되지 않으면 반듯한 청소년들의 사회적 사건에 대해 신문은 여전히 '왜 그랬을까?'라고 하는 제목으로 기사를 써내려 갈 것이다. 목적을 좇아 달리는 사람과 무언가에 쫓기며 달리는 사람은 뛰는 모양은 같지만 그 속에 담겨진 마음은 다르다. 그러나 밖에서 보면 '달리고 있다'라고 하는 행동은 같아 보인다.

이처럼 노력을 하여도 불안으로부터 노력하는 경우와 목표를 정해서 본인이 하고자 하는 마음을 갖고 노력하는 경우가 있다. 이 두 가지 경우, 뇌 속에서 분비되는 호르몬이 전혀 다르다. 불안과 공포의 순간에는 카테콜아민(도파민, 노르아드레날린, 아드레날린의 총칭)이 분비되는 반면, 목표가 생긴 경우에는 '의욕의 호르몬'이라고 불리는 TRH(갑상선자극호르몬분비호르몬)가 생성된다.

반듯한 아이의 범죄심리

# 신경증적 성향의 「분발」

우리들은 진실한가, 노력을 하는가를 높게 평가한다. 그러나 사람은 「바이오필라스」[6]적인 성향으로부터 노력을 하기도 하지만, 「네크로필라스」[7]적인 성향으로부터 노력을 하기도 한다.

역사적으로 악명이 높았던 히틀러 역시 노력을 하였고 또한 히틀러 역시 분발했다. 그러나 그의 노력은 네크로필라스적인 성향으로부터의 노력이었다. 사람에 대한 복수심으로부터 정상을 향해 노력하는 사람이 있는가 하면, 자신의 행복을 위해 되고 싶은 목표를 향해 노력하는 사람도 있다. 열등감으로부터 노력하는 사람이 있는가 하면, 자기실현으로부터 노력하는 사람이 있다는 것이다.

여기저기 바쁘게 활동하는 사람이 있다고 하자. 여기에는 건강하게

---

6  生을 사랑하는 성향(삶의 본능)
7  死를 사랑하는 성향(죽음의 본능)

에너지 넘치는 사람이 있는가 하면, 불안으로부터 움직이지 않으면 안되는 사람이 있다. 조울증인 사람의 조증 상태와 에너지 넘치는 사람의 건강한 상태는 전혀 다른 것이다.

미국의 정신과 의사 카렌 호나이는 밖으로 활발하게 보여도 신경증적인 사람은 자기 자신의 에너지를 갖고 있지 않다고 한다. 신경증은 엄밀히 얘기하면 여러 가지 형태로 사람에 따라 정의가 달라질 수 있지만, 여기에서는 일상적으로 사용하는 「노이로제」 정도로 받아들이면 좋겠다.

이렇게 신경증적 성향의 사람은 타인이 자신에게 기대하는 것을 할 때를 제외하곤 에너지가 나오지 않는다. 혹은 타인이 자신의 신경증적 자존심을 건드리는 경우 말고는 에너지가 나오지 않는다. 정리해 보면 이 경우 에너지가 넘쳐 보인다 할지라도 공포심, 불안감 말고는 이들을 움직이게 하는 것은 없다는 점이다.

에너지가 소진된 경우, 회사에서 일하고 있을 때 에너지가 있는 것처럼 보이지만 실제로는 에너지가 없다. '주변 사람들에게 어떻게 하면 잘 보일까?' 하는 생각밖에 없다. 이런 사람들은 애정결핍이 강해 주변 사람들로부터 인정받고자 하는 욕구가 매우 강하다.

에너지가 넘쳐 보이는 사람이 여기저기 뛰어다니는 경우에도 여러 가지 다른 동기가 있다. '세상에서 유일하게 나 이상 잘하는 사람이 있을 수 없기 때문에 나는 모든 것을 하지 않으면 안 돼…'라고 생각하며 이리저리 뛰어다닌다. 매우 에너지가 넘쳐 보이는 사람이 있다. 하지만 양극성조울증 환자의 경우, '세상에서 유일하게 나 이상 잘하는 사람이 있을

반듯한 아이의 범죄심리

수 없기 때문에 나는 모든 것을 하지 않으면 안 돼…"[8]라고 한다면 이는 권세욕에서 비롯된 것이라고 할 수 있다.

8  Hubertus Tellenbach, Melancholie, Springer-Verlag, 1961
   H. 텔렌바흐, 『우울』, 木村敏訳, 미스즈書房, 1978년, p.124

# 우울-친화형의 「분발」

　우울-친화형의 사람의 경우, 같은 것을 말한다 할지라도 그것은 불안으로부터 나온 말에 지나지 않는다. 우울-친화형이라고 하는 것은 우울증이 되기 쉬운 성격(前우울성격)으로, 독일 정신과 의사인 텔렌바흐가 쓴 저서 『우울』에서 나온 말이다. 우울증이 되기 쉬운 사람에게는 질서에 대한 특별한 관계성[9]이 있고 어떤 일에서도 완벽주의적이기 때문에 꼼꼼하고 책임감이 강하고 대인관계도 자상하고 배려심이 많은 성격으로 묘사하고 있다.

　'자신이 모든 것을 하지 않으면 안 돼…'라고 하는 말도 그런 행동도 우울증 환자에 있어서는 「모든 부담에 대한 특유의 과민함으로부터 결국 자기가 자신에게 부담시킨 요구에 뒤처지는 것에 대한 불안」으로부터

---

**9** 　질서지향성

　　　　　　　　　　　　　　　반듯한 아이의 범죄심리

나온다고 볼 수 있다.

이는 결국 권세욕으로부터 나온 말일 수도 있지만 불안으로부터 나온 말일 수도 있다. 심리학적으로는 동일한 성격의 유형이 현상학적으로는 결국 그 의미에 관해 전혀 별개의 것일 수도 있다. 행동은 같지만, 말은 같지만 그것이 가지는 의미는 경우에 따라 완전히 다르다. "우우!"라고 하는 같은 소리에도 기쁨을 표현하는 경우와 도움을 청하는 경우가 있는 것이다.

문제는 노력을 하는 동기다. 노력하고 있는 마음의 색깔이 문제다.

사람이 열등감을 통해 노력하게 되면 결국 마지막에는 좌절하는 경우를 심심치 않게 볼 수 있다. 불안으로부터 하는 노력은 인생의 파괴를 향한 노력이다. 우리는 이것을「데모스테네스 증후군」이라고 부른다.

데모스테네스는 고대 그리스의 웅변가이자 정치가로 말더듬는 버릇과 R 발음이 잘 되지 않는 것을 극복하기 위해 가혹하리만큼 연습을 반복하고 또 반복했다. 그 결과 마침내 어느 정도 효과가 있었으나 결국 최후에는 자신의 열등감을 극복하지 못한 채 자살하고 말았다.

# 행동만을 보고
# 동기를 판단하지 말라

열심히 노력하는 사람 중에는 자신의 이익을 위해 분발하는 사람과 자신의 행복을 바라며 분발하는 사람이 있다. 분발하는 동기가 다르다. 분발하려고 하는 마음의 색깔이 다르다.

"난 이렇게 열심히 분발하고 있어요."라고 하는 사람이 있다. 칭찬받고 싶어 노력한다. 그건 애정을 얻기 위한 분발이다. 그러한 노력은 주변으로부터 반발을 불러온다.

「가족 때문에」 분발하는 사람도 그 동기는 여러 가지다. 가족 때문이라고 말을 하면서도 가족에 대한 배려가 전혀 느껴지지 않는다. '집에 돌아와서 그 녀석의 웃는 얼굴을 보면 일의 피로가 사라진다'는 것처럼 자식과의 행복한 관계는 더 이상 존재하지 않은지 오래다.

마찬가지 온종일 일로 바쁘게 보내면서도 가족의 행복 때문에 분발하고 있다는 사람과 자신의 명예, 칭찬 때문에 분발하는 사람에게서는 분

반듯한 아이의 범죄심리

발하는 동기가 다르다. 그런데도 우리들은 그 다름을 보지 않고 그것을 동일시해서 '저 사람은 분발하고 있어'라고 평가한다는 것이다. 분발하고 있는 본인도 자신의 동기를 생각해 보지 않고 '나는 분발하고 있어'라고 스스로 만족해한다는 것이다. 자신의 업적만을 쌓기 위해 분발한다고 해도 그것은 결코 잘못된 생각이 아니라고 생각한다. 그것은 누구에게 부탁하는 것도 아니고 누구의 행복 때문도 아니다. 자신의 발전을 위해 분발하는 것일 뿐이다.

우리들은 이렇게 상대의 행동만을 보고 동기를 보지 않는 경우가 있다. 예를 들면 성공한 사람의 일하는 동기를 보지 않고 행동만을 따라해 성공하려고 한다. 새벽 네 시에 일어나 일을 시작해 성공한 사람이 있다면 그의 일하는 방식을 따라한다. 늦은 밤까지 일을 해서 성공한 사람이 있다면 그의 방식을 흉내 낸다. 회사를 그만두고 성공한 사람이 있다면 그의 결정을 따라가려고 한다.

「통나무오두막집 증후군」[10]이라는 게 있다. 미국의 보잘것없는 통나무 오두막집에서 태어나 위대하게 된 사람의 노력을 따라하려는 사람을 일컫는 말이다. 「미국에서 위대하게 된 사람은 대개, 오두막집에서 태어났다」고 하는 미국 작가 오리슨 마든의 책에서 나온 말이다.

여기서 말하고 싶은 것은 「통나무오두막집 증후군」과 「데모스테네스 증후군」의 다른 점은 행동이 아니라 동기라고 하는 점이다. 행동만을 따

---

10 '통나무 오두막집'이라는 환경. 그 가난 자체가 동기가 아닌 비록 오두막집이라도 어릴 적부터 어머니와의 충분한 교감을 통해 위대한 사람으로 성장한 경우를 일컫는다.

라해 성공하려고 하는 사람은 데모스테네스의 분발의 동기와 통나무 오두막집에서 태어나 노력한 사람의 동기가 서로 다르다는 점을 모르는 사람이다.

반듯한 아이의 범죄심리

# 훌륭하게 보이는 행동에도
# 여러 가지 동기가 있다

「노력」이나 「분발」하는 것을 평가하는 것처럼 「인내」하는 것을 우리들은 높게 평가한다. 그러나 「인내」하는 동기도 여러 가지가 있다.

자신의 목적을 달성하기 위해 인내하는 것과 상대가 말한 것을 따르지 않았을 때의 공포감으로부터 인내하는 경우가 있을 수 있다. 상대로부터 보호를 구하는 인내는 혼자가 되는 것이 두려운 나머지 참는 인내다. 상대로부터 버림받지 않기 위해 인내한다. 인정받고 싶어 인내한다. 한편 손득감정에 의한 인내가 있다. 친구가 사탕을 갖고 있다. 그것이 갖고 싶다. 그래도 나중에 그 친구로부터 사탕을 더 얻을 수 있다고 생각되면 인내한다.

우리들에게는 또한 양보하는 것을 하나의 미덕으로 보는 경향이 있다. 상대방의 마음을 헤아려 양보하는 사람, 자신이 없어 상대가 말하는 대로 양보하는 사람, 관대한 사람으로 보이고 싶어 양보하는 사람도 있다. 이러한 사람은 애써 양보한다고 해도 결국에는 바보 취급을 받기 쉽다. 상대의 마음에 들려고 하는 게 보이기 때문에 결국 마지막엔 상대로부터 존중받지 못한다.

양보해야만 한다고 하는 규범의식으로 양보하는 사람, 양보하지 않을 경우 두려움 때문에 양보하는 사람. 이러한 경우의 동기는 부모의 '마음에 드는' 행동을 하지 않았을 때처럼 어릴 적부터 생긴 공포에 기인한다. 상대의 마음을 헤아려 양보하는 사람은 나이가 들수록 배려심이 깊은 사람이 되지만, 자신이 없어 양보하는 사람은 양보하면 할수록 점점 더 자기 자신을 잃어가게 된다. 뉴욕에서 활동하고 있는 정신과 의사 조지 웨인버그는 '행동은 그 동기가 되는 생각을 강화한다'고 하는 이론을 치료의 근본으로 삼고 있다.

「약속시간을 지킨다」라고 하는 경우도 마찬가지다. 예를 들면 약속시간 15분 전에 만나기로 한 장소에 와서 기다리는 사람들에게도 여러 가지 동기가 있을 수 있다.

'그렇게 하지 않으면 내 기분이 나빠'라고 하는 경우는 자신의 내적질서 때문에 그렇게 하는 유형이다.

'상대를 기다리게 하면 안 돼'라고 하는 규범의식으로부터 약속시간을 지키는 사람도 있다. 그러나 한편 훌륭하게 보이는 이러한 규범의식은 배려심과는 다른 것이라고 할 수 있다. 과도한 규범의식을 갖게 되면 '절대 기다리게 해서는 안 된다'고 하면서 무리를 해서라도 그 약속시간을 지키려고 한다. 이 경우 상대가 누구인가 하는 것과는 관계가 없다. 예

　　　　　　　　반듯한 아이의 범죄심리

를 들면 상대가 오랜 시간 사귀어 온 친한 친구인 경우 시간이나 상황에 여유가 있는 경우 조금 기다리게 한다고 해서 큰 문제가 될 것 같진 않다. 하지만 과도한 규범의식으로 인해 그러한 사정조차 고려하지 않고 상대와의 관계성을 무시한 채 약속시간을 지키려고 애쓴다는 것이다. 일단 약속했으면 그것을 지켜야 한다. 이것 또한 과도한 규범의식이라고 할 수 있다. 여기서 「과도한」이라고 하는 것은 전체의 상황을 생각하지 않는 대응의 유연성이 없는 것을 말한다. 이슬람 원리주의나 무슨 무슨 원리주의 이러한 것들이 이와 유사하다고 할 수 있다.

'상대를 기다리게 하는 것은 폐를 끼치는 것이기 때문에 시간을 지킨다'고 하는 사람도 있다. 이것은 배려심으로부터 행동하는 사람이다. 추운 날에 '이렇게 추운 날씨에 상대를 기다리게 하는 것은 매우 미안한 것이다'라며 하던 일을 중단하고 서둘러서 약속장소에 가려고 한다. 이러한 애정의 행동은 상대에 대한 친숙함을 증가시키고 장차 그와의 신뢰관계는 쌓여 간다. 이는 앞에서 언급한 웨인버그의 「당신이 어떠한 행동을 하면 그때마다 자신이 했던 것의 동기가 되는 사고(생각)를 강화한다」고 하는 심리라고 할 수 있다.

'약속을 지키지 않는 사람으로 취급받고 싶지 않아 약속을 지킨다.' 이것은 자기방어라고 할 수 있다. 「배려」 때문에 상대의 입장을 생각해 약속시간을 지키는 것이 아닌 것이다. 다른 사람들로부터 약속시간에 늦는다고 하는 눈초리를 받고 싶지 않아 좋은 사람, 훌륭한 사람으로 여겨지고 싶어 하는 그런 「자기집착」이다. 약속을 지킨다고 하는 행동 그 자체는 훌륭한 것이지만 이 경우 마음은 정서적 미성숙인 상태라고 할 수 있다. 분명히, 약속을 지킨다고 하는 것은 사회적인 관점에서 바람직한 행동임에 틀림이 없다. 그러나 마음의 상태는 자기집착이며 상대와의 신뢰는 좀처럼 쌓여 가지 않는다.

이처럼 행동은 같지만 동기에 따라 행동 이후의 감정은 전혀 다르게 다가온다. 지금부터 나오는 구체적인 청소년 사건들을 통해 「같은 것처럼 보이는 사람의 행동에도 여러 가지 마음이 있다」고 하는 것을 이해할 수 있으리라 생각한다.

반듯한 아이의 범죄심리

# 행동은 그 동기가 되는 생각을 강화한다

행동이 아니라 말 또한 마찬가지다. 예를 들면「칭찬한다」고 하는 일상에서도 그러한 마음에는 여러 가지가 있을 수 있다. 관계를 원활하게 하기 위해 칭찬하기도 하며 관계를 좋게 하기 위해 칭찬을 하기도 한다. 상대에 대해 위로의 마음으로 칭찬하기도 하며 상대에게 활력을 불어넣어 주기 위해 칭찬을 하기도 한다. 이러한 사람은 칭찬한 후에 상대에 대한 친숙한 감정이 깊어 간다.「행동은 그 동기가 되는 생각을 강화한다」는 것이다.

상대에게 신세를 져서 칭찬하는 경우도 있다. 이러한 사람은 칭찬 후에 마음의 중심에 상대에 대한 신뢰감이 없다. 이 역시「행동은 그 동기가 되는 생각을 강화한다」고 할 수 있다.

환심을 사기 위해 칭찬하는 경우도 있다. 상대의 마음에 들고 싶어 칭찬한다. 인기를 얻기 위해 칭찬하는 경우, 좋은 사람이라고 여겨지고 싶어 칭찬하는 경우도 마찬가지다. 이러한 사람은 칭찬한 후에 자신 스스로를 신뢰하지 않고 정이 없다고 느끼게 된다.

상대를 치켜세워 무언가를 시키기 위해 칭찬한다. 이러한 사람은 칭찬한 후에 그 사람 마음 안에 교활함이 깊어 간다.

칭찬하는 것 말고는 상대와 관계를 가질 수 없어서 칭찬하는 경우도 있다. 이러한 사람은 칭찬한 후에 그 사람과 어떻게 관계를 가져야 하나 더욱더 헷갈리게 된다.

자신의 가치를 높이기 위해 칭찬하는 경우도 있다. 이러한 사람은 칭찬한 후에 점점 더 자신감을 잃어가게 된다.

상대를 이용하기 위해 칭찬한다. 이런 사람은 칭찬한 후에 더욱더 상대를 얕보는 마음이 생기게 된다.

진정 마음으로부터 칭찬을 하는 경우에는 칭찬한 후에 상대에 대한 친숙함이나 존경의 마음이 더욱더 깊어져 간다.

반듯한 아이의 범죄심리

# 「마음」은 무시하고 「겉모습」만으로 아이를 칭찬하는 부모

사랑하지 않으면서도 여자가 말로만 남자를 칭찬하는 경우가 있다. '똑똑하군요!'와 같은 칭찬을 듣고 나서 남자에게는 걱정이 생긴다. 의례적인 것과 칭찬을 착각하는 것은 신경증적 성향이 있는 사람이다. 의례적으로 칭찬을 했을 뿐인데 정말 존경받고 있다고 생각해 버린다.

칭찬하는 것에도 여러 가지 동기가 있다는 것을 무시하고 자녀를 양육하며 노이로제로 힘들어하는 엄마들도 있다.

육아에서 역시 중요한 것이 「자녀를 칭찬하는 것」이라고들 한다. 문제는 '어떠한 동기로, 어떠한 마음으로 자녀를 칭찬하느냐?' 하는 것이다. 그런데 이 「마음」의 부분을 무시한 채 외형만으로 칭찬한다. 사람은 상대방의 무의식의 동기에 반응하게 된다. 따라서 같은 「칭찬하는 육아」에서도 그게 잘되는 부모가 있고 잘되지 않는 부모가 있다. 아무리 육아에 노력을 기울여도 결국 실패하는 부모는 「자신이 마음에 들고 싶거나, 인정받고 싶다」고 하는 마음으로 아이를 키우기 때문이 아닐까?

「칭찬하면서 성장시킨다」고 하지만 자녀의 마음에 들게 하도록 칭찬하는 경우에는 자녀를 발전시키기는커녕 아이를 망친다. 「자녀를 오냐 오냐 하며 관대하게 대해 주었더니 아이를 망쳤다」고 하는 말 역시 맞는 말이 아니다. 실제로 그런 부모는 자신이 자녀의 마음에 들어 하고 싶거나, 인정받고 싶어 칭찬하는 것일 뿐이다.

적의에 가득 찬 사람이 "왜 안 되는 거지?"라고 말하는 경우와 적의가 없는 사람이 "왜 안 되는 거지?"라고 이야기하는 것은 같은 말이지만 의미하는 것이 전혀 다르다.

"얼굴색이 안 좋네. 무슨 일 있어?"라고 가까운 동료가 걱정해서 말하는 경우가 있다. 적의가 있는 사람이 말할 때는 위협적인 의미가 담겨 있다. 그 사람을 이용하려는 마음으로 그 사람의 마음에 들게 하려고 "얼굴색이 안 좋네. 무슨 일 있어?"라고 하는 것이다.

행동은 같지만, 말은 같지만 거기에 담긴 의미는 전혀 다르다. 사랑의 체벌과 증오의 체벌이 아이에게 주는 영향 또한 매우 다르다. 사랑의 체벌은 비록 때리는 경우가 있더라도 아이는 사랑을 느낄 수 있다. 그러한 점을 무시하고 '체벌은 절대 안 돼!'라고 하는 외골수의 생각은 너무나도 「mindlessness」한 것이라고 할 수 있다.

「mindlessness」라는 단어는 「mindfulness」의 반대말로서, 하버드대학 심리학과 엘렌 랑거 교수는 이를 하나의 관점만을 고집하는 경향이라고 설명한 바 있다. 자세한 내용은 다음 장에서 설명하기로 한다.

반듯한 아이의 범죄심리

# 제2장

# 반듯한 아이가 왜 범죄를 저지르는가

# 모범생에 의한 살인사건

2000년 5월 1일에 아이치현 고등학교 3학년생이 주부를 살해하는 사건이 있었다. 살인의 동기는 「사람을 죽이는 경험을 해 보고 싶었다」였다. 당시 신문에는 범인인 고교생에 대해 '반듯한 성격으로 학교성적도 우수하다'고 보도하였다. 니혼게이자이신문 등의 기사에는 '모범적인 학생'이라는 큰 타이틀이 붙었다.

신문에는 동급생의 말이 실렸다. 아사히신문에 나온 내용을 보면 "절대 그런 일을 할 친구가 아니었다."고 말한 부분이 나온다. 연식테니스 동아리에서 같이 활동한 동급생은 "연습에 자주 빠지는 저보다 훨씬 착실한 친구였어요."라고 한다.

같은 해 5월 4일 마이니치 조간에는 '밝고 우수한 아이, 학업과 운동을 겸한 아이라고 주변에서 이구동성으로 말한다'고 씌어 있다. 그래서 아버지, 할아버지 모두 교사이고 이혼한 어머니도 교사였다고 하는 교육가 집안이라고 하는 것과 할머니는 그 아이를 자랑스럽게 여겼다는 내용이 나온다. 마이니치신문 사설의 제목은 「어릴 적부터 할머니의 자랑」이었다.

우선 여기에서는 '반듯한 성격으로 학교성적도 우수하다'고 묘사한 부분에 대해 생각해 보기로 하자.

반듯한 성격으로 우수한 아이가 자신과 관계가 없는 주부를 살해할 이유가 과연 있겠는가? 그렇다면 「반듯한 성격으로 우수했던」 소년에 의해 일어난 믿기 어려운 흉악사건을 어떻게 이해하면 좋단 말인가?

그 아이의 「밝음」은 그 아이의 불안과 분노를 감추기 위한 수단이었다고 본다. 언뜻 들으면 모순된 얘기처럼 들릴 수 있겠지만 이렇게 설명하면 그 궁금증이 해결될 것이다. 그 아이는 불안해했다. 분노도 심했을 것이다. 증오심 역시 있었을 것이다. 그래서 그것을 겉으로 감추기 위해 밝고 착실하게 행동하는 것이 자신에게 효과가 있다고 생각했을 것이다.

사람의 관심을 끌기 위한 「밝음」과 마이너스 감정을 숨기기 위한 「밝음」이 있다는 것이다. 단지 불안이나 분노를 억지로 참아 눌러 그 「밝음」을 계속해서 연기하기 위해서는 막대한 에너지가 필요했을 것이다. 무리해서 그러한 행동을 계속하게 되면 얼마 지나지 않아 그 에너지가 소모되는 것은 당연한 이치다.

그 아이의 「밝음」이 마이너스 감정을 숨기기 위한 가면이었다고 생각하면 자신과 관계가 없는 주부를 살해한 것도 어느 정도 이해될 수 있다.

반듯한 아이의 범죄심리

결국 그 아이의 「밝음」은 마음속에 자리 잡은 마이너스 감정을 감추기 위해 주변으로부터 자신을 지키기 위한 「방어적 성격」의 「밝음」이었다고 할 수 있겠다.

단지 그 아이의 겉으로 드러난 언행만을 보고 그 아이의 마음속을 보지 못하면 "절대 그런 일을 저지를 아이가 아니다."라고 생각하는 사람이 있다고 해도 결코 이상한 일은 아니다. 그러나 그 아이의 마음은 분노와 증오심으로 가득 차서 그것을 억압하고 불안에 괴로워했을 것이다. 그것을 감추기 위해서는 필사적으로 밝은 척 착실하게 행동하는 것이 유효했을 것이다. 그래서 '모범적인 학생'이 된 것이다.

이 17세의 소년은 밝고 착실했지만 주변의 사람들을 그다지 좋아하지 않았으리라. 그래서 그 싫은 것을 필사적으로 감추었다고 볼 수 있다.

어두운 사람을 왜 싫어하는가? 어두운 사람은 소통을 거부하기 때문이다. 그러나 「가면을 쓰고 밝은 척」하는 것으로는 진정한 소통을 할 수 없다. 문제를 일으키는 사람은 대부분 이러한 부류라고 할 수 있다.

# 「밝은 척하는」 것은 불안, 분노로부터 도피하는 수단

1장에서 언급한 바와 같이 에리히 프롬의 저서 『자유로부터의 도피』가운데 1절을 소개하려고 한다. 여기서는 「밝고 쾌활함」이 자신의 불안이나 분노를 감추기 위한 수단인 사람에 대해 언급하고 있다.

'그는 그가 보여 주고 싶은 인상을 보여 주지 못하지 않을까?' 하는 두려움, 걱정으로 괴로워하고 있다. 그는 비웃음을 사지 않을까 하는 마음에 그다지 사랑받지 못한다고 느껴지는 몇몇 사람들에게 분노하고 있다. 꿈은 그의 쾌활함이 그의 불안과 분노를 감추기 위한 수단이며 동시에 그가 분노하고 있는 사람들을 달래기 위한 수단이었다는 것을 보여 준다. 그 쾌활함은 모두 가면이었다. 그 쾌활함은 그의 본래의 것이 아니었지만 그의, 마치 적진에 있는 스파이처럼 느껴지는 불안정성을 모두 숨겨 주었던 것이다.

반듯한 아이의 범죄심리

불안한 사람은 타인으로부터 인정받기 위해 자기 자신이 되는 것을 포기하는 자다. 그래서 「다른 사람으로부터 기대가 되는 인간」이 되는 것이다. 다른 사람의 기대에 부응하는 것이 인생의 목표가 되어 버린 사람은 아무리 다른 사람에게 인정을 받는다 해도 자신감이 붙질 않는다.

미국의 심리학자 롤로 메이 역시 다음과 같이 말한다. "우리들이 타인의 칭찬을 목표로 해서 행동할 때 그 행동은 자기 자신에 대한 나약함과 무가치의 감정을 그대로 떠올리게 하는 것이다."[11]

그 결과, 다른 사람과의 교류가 없다. 교류가 없기 때문에 에너지가 없다. 다른 사람과의 교류가 에너지가 되어 자신의 저금통에 들어가는 것이다. 밖에서 보면 요구에 따라가기만 하는 사람은 그 에너지의 저금통이 비어 있다. 그것은 「교류」가 아니기 때문이다.

다른 사람의 칭찬을 얻기 위해 행동하는 사람은 마음의 교류의 시간을 어물쩍 넘겨 버린다. 교류의 시간이 행복으로 변하게 하는 힘을 얻을 수 있는 시간임에도 불구하고 말이다.

또한, 타인의 기대에 연연해 자신을 죽여 가면서 살아온 사람 역시 혼자서 살아온 사람과 같다. 자신이 혼자서 가솔린을 샀지만 그 에너지가 없어지게 되니까 점점 사는 게 힘들어진다. 자신을 죽여서 살아온 사람은 언제나 자신 혼자다. 집에서도 언제나 청소를 하고 있지 않으면 집안에 자신이 있을 처소가 없는 그런 사람이다.

---

11  Rollo May, Man's Search For Himself, 1953
   R. May, 「잃어버린 자신을 찾아서」, 小野泰博 번역, 誠信書房, 1970년, p.259

그 자체로는 자신의 가치가 없다는 생각이 든다. 무엇인가 하지 않으면 자신은 살 가치가 없다고 느껴진다. 이런 사람은 세상에서 살아가기 위해서는 자신과 관련된 상대를 항상 만족시켜 주지 않으면 안 된다는 사고에 빠져 있다.

결국 자신을 죽여 가면서 살아온 사람은 다른 사람과의 신뢰의 기반이 형성되어 있지 않다고 할 수 있다. 처음에 소개한 사건의 소년 역시 모범적인 학생이 되는 것으로 그러한 불안으로부터 도피하려 했을 것이다. 그러나 이러한 사람을 지탱하고 있는 자아의 기반은 매우 취약하다. 그들은 그들이 의존해 왔던 상대로부터「승인 상실이라고 하는 불안」이 늘 뒤따라 다녀 설령 학업성적이 우수하고 모범적으로 보인다 할지라도 혼자서는 아무것도 할 수가 없다.

# 자살하는 아이의 마음속에는

타살사건이 아니라 자살의 경우에도 같은 기사가 실려 있다. 집단 괴롭힘으로 자살한 아이에 대한 기사가 있었는데 중학교 1학년 A양에 관한 내용이다. 발가벗은 채로 맞는 등 극심한 괴롭힘을 받아왔다고 한다. 정확한 날짜는 기억나지 않지만 아사히신문에는 자살한 A양에 대해 「겉으로는 밝고 예의가 바른 아이였지만 다소 예민하고 쓸쓸해 보이는 아이」라고 하는 기사가 실렸다.

다른 사람을 죽이려 했다거나, 자살을 하려고 했다면 마음속에 「밝은」 구석이 있었을 리 만무하다. 마음속에 '분노와 증오심'이 가득하지만 그것을 억눌러 겉으로만 밝은 것처럼 보이는 것이다. 그 이면에는 마음의 갈등으로 괴로워한 흔적이 보인다. 그 갈등으로부터 반드시 불안이 생기게 된다.

A양 또한 그 불안을 억압하기 위해 필사적으로 「밝고 예의 바른 척하

며 행동하고 다닌」 것으로 자신의 마음속으로부터 그러한 불안, 분노, 증오심 등의 감정이 분출되어 왔던 것을 억압했음에 틀림이 없다.

주변에선 '도대체? 왜 그랬지?'라고 묻는다. 정작 본인의 마음속에는 막다른 곳에 몰린 사람처럼 쫓기는 심리이지만 주변 사람들은 전혀 깨닫지 못한다. 주변 사람들은 그저 냉정했다. 단지 그것뿐이었다. 그 사람에게 진정으로 관심을 갖는 사람이 있었다면 그의 「밝음」이라는 가면과 밝은 얼굴 이면에 증오심으로 인해 녹초가 되어 있는 마음이라는 걸 알아차릴 수 있을 것이다.

인간의 자기실현에 대한 연구로 유명한 미국의 심리학자 매슬로우는 「언제나 자기 자신으로부터의 기쁨의 체험보다 타인으로부터의 인정을 선택하는 사람은 결국 기쁨의 체험 그 자체를 경험할 수 없다」고 주장한다. 참으로 맞는 말이라 생각한다. 밝고 착실하고 좋은 사람, 좋은 아이라고 하는 것이 반드시 오랜 시간 자신의 기쁨의 체험을 선택하면서 살아온 사람을 의미하는 것은 아니지 않을까 생각한다.

또한 이러한 사람들은 「순환기질」[12]의 가능성도 있다. 순환기질의 사람은 쾌활함과 침울함 양쪽, 즉 양기와 음기가 순환하는 사람이다. 한쪽이 심한 경우 경조증, 다른 한쪽이 심한 경우 우울증이 있는 사람으로 순환기질이라고 부른다.

주변 사람들은 이러한 침울한 쪽을 미처 알아차리지 못한다. 나는 양

---

**12** cyclophrenia; 사교적이고 활발한 성질과 비사교적이고 침울한 성질이 번갈아 나타나기 쉬운 성격 유형. 독일의 정신 의학자 크레치머가 분류한 성격 유형의 하나이다.

반듯한 아이의 범죄심리

기란 상대에게 인기를 얻고자 하는 것이고 음기는 본래의 자신이라고
본다.

# 「자신이 아닌 자신: 疑似自己(거짓자기)」

　신경증적인 성향의 사람은 「있는 그대로의 자신」이라고 하면 바로 자기 위주의 제멋대로인 충동적인 인간을 떠올리게 된다. 「있는 그대로의 자신」이라고 하면 바로 반사회적 인간의 이미지를 생각할 수도 있다. 실은 그것은 그 사람이 여유 있는 인간적 기대를 갖고 있지 않다는 것을 드러낸다고 할 수 있다. 성장욕구가 있는 사람이면 「있는 그대로의 자신」이라고 할 때에 성장에 대한 기대가 있는 마음이 편하고 구애됨이 없는 자신을 그리게 된다.

　매슬로우가 말한 「疑似自己」[13], 즉 거짓자기로 사는 사람은 자기 스스로의 성장에 대한 기대가 없다. 「거짓자기」라고 하는 것은 성장에 대한 능력이나 자기긍정의 감정을 잃어버린 상태라고 할 수 있다.

---

**13** Abraham H. Maslow, Toward a Psychology of Being
　A. H. Maslow, 『완전한 인간』, 上田吉一 번역, 誠信書房, 1964년, p.80

그들은 거짓이 용인되는 방법만을 써 온 사람들이다. 싫은 소리를 듣게 되더라도 자기 마음으로부터 칭찬을 받아 본 적이 없는 사람들이다. 그들은 본래의 자신을 단념한 신경증적인 사람이라고 할 수 있다.

인어(人魚)는 인어일 때가 가장 좋다. 안데르센의 동화 인어공주에서 인어는 왕자를 사랑하게 되어 인간과 같은 발을 갖게 해 달라는 욕망을 가질 때부터 불행이 시작되었다.

그들 역시 자신이 아닌 자신이 되려고 할 때부터 불행이 시작되는 것이다.

사람은 주변 사람들로부터 인기를 얻으려고 한다. 주변 사람으로부터 수용받고자 한다. 「거짓자기」의 사람들은 그러한 호의를 얻기 위해 '어리광을 부리고 싶어도 그렇게 하면 안 된다'고 하는 것을 유소년기의 시절부터 학습해 온 사람들이다. 이렇게 어릴 적부터 응석을 부리고 싶은 마음과 사람들로부터 호의를 얻고 싶은 마음이 서로 갈등하게 된다. 그러한 가운데 「거짓자기」가 형성되어 가는 것이다.

# 부모-자식의 역할이 바뀌면 「착한 아이」로 행동한다

마음이 병든 사람은 대개 어릴 적부터 「착한 아이」였던 경우가 많다. 전에는 분열병이라고 불렸던 정신질환, 통합실조증[14]인 사람도 대부분 어릴 적부터 「착한 아이」였다. 착한 아이는 다시 말해 부모나 주변의 어른들에게는 '손이 가지 않는 아이'라고 할 수 있다. 반항하지 않으니 정서적으로 미성숙한 부모에게는 순종적이고 착한 아이라고 생각되는 게 어쩌면 당연한 것일지 모른다.

부모가 아이의 마음을 이해하는 능력을 갖지 못하면 이 아이는 '손이 가지 않는 아이'가 아니라 '손이 가지 않는 아이처럼 행동하고 있다'는 것을 알아차릴 수 없게 된다.

---

**14** 조현병. 또는 정신분열증. 일본에서는 정신분열병이라는 용어 대신에 통합실조증(統合失調症)이라는 용어를 쓰고 있으며 홍콩에서는 사각실조증(思覺失調症)으로 개명하였고 우리나라는 조현병으로 개명하게 되었다.

우울증 환자의 유소년기를 보면 대부분 「착한 아이」였다는 점이다. 그러나 그 의미는 원래의 의미와는 다르게 「활발하다, 곧잘 이해한다, 부지런한」 그런 착한 아이였던 것 같다. 도이의 「아마에」[15] 이론에 비추어 보면 어느 쪽도 어리광을 부리지 않는 아이였지만 분열병자의 유소년기에 어리광을 부릴 줄 몰랐거나, 어리광을 무서워했던 것에 반해 우울증 환자의 유소년기는 어리광 부리는 것을 좋지 않은 것으로 여겨 단념하지 않았나 하는 측면이 있다. 이 경우 오히려 부모를 위로하고 「응석 부리게 하는」 아이인 경우도 많다. 그래서 잘 알고 있는 것처럼 일본의 부모는 곧잘 자녀에게 응석을 부린다는 것이다.[16]

부모가 자녀에게 응석을 부린다고 하는 것은 모자관계 연구로 유명한 심리학자 보울비의 「부모-자식 간 역할의 역전」을 말한다. 자녀가 부모에게 응석을 부리는 것이 자연스러운 것인데도 부모가 자녀에게 응석을 부린다. 부모가 자녀로부터 「좋은 부모」로 인정받으려고 하는 것이다.

정서적으로 미성숙한 부모에게 복종하는 아이는 착실하고 노력형인 경우가 많다. 대부분은 재능도 많지만 세상을 알지 못하기 때문에 상대의 말을 그대로 다 믿어 버린다. 교활한 사람한테 걸리면 매우 이용당하기 쉬운 유형이다. 부모에게 복종하면서 성장해 온 사람만큼 교활한 사

---

15  우리말로 어리광 또는 응석을 말함.
16  中井久夫, 「재건윤리로서 근면과 학습 - 조울병의 정신병리 1권」, 弘文堂, 1976년, p.118

람에게 이용가치가 많은 사람은 없다. 부모에게 복종하면서 살아온 사람은 사회로 나아가 교활한 사람한테 걸리면 쉽게 속아 넘어가기 십상이다.

반듯한 아이의 범죄심리

# 우등생이었던 소년이
# 버스납치범으로 전락하다

　아이치현 주부 살인사건이 일어난 후 바로 2000년 5월 3일 후쿠오카현에서 같은 17세의 소년이 서일본철도의 고속버스에 흉기를 들고 버스납치를 감행하여 승객 1명을 칼로 찔러 사망케 한 사건이 발생했다.

　체포된 소년의 동급생은 TV에서 '세상에 둘도 없는 착실한 아이였다'고 말했다.

　같은 해 5월 5일 요미우리신문 조간에는 동급생의 입에선 '95점 이하로 점수가 내려간 적이 없다'는 말이 나왔다. 게다가, 「선데이-마이니치」 2000년 12월 31일자에 따르면 '성적은 늘 톱클래스'였다. 그랬던 것이 중학교 3학년 때 그의 생활이 갑자기 변했다고 한다. 원래 그는 친구들과 소통을 해 가며 공감적인 체험을 쌓아온 것 같아 보이지 않는다. 그에게는 '세상에 둘도 없는 착실한 아이'라는 평가와 동시에 '성적이 우수한 학생'이라는 기대가 틀림없이 무거운 짐이 되었으리라. 자신의 훌륭한 이미지를 유지하기 위해 상당한 에너지가 필요했으리라. 정확하게 말하자면 「착실함」과 상반되는 충동이 오랜 기간 마음속에 남아 있게 되고 무의식 속에 있는 모순을 참아야 하는 것 때문에 상당한 에너지가 필요했을 것이다.

다소 고지식하다고 할까, 괴짜라고 할까, 지나치게 착실하다는 소릴 듣는 사람은 자신의 감정을 겉으로 드러내지 않는다. 그러나 마음속 깊은 곳에는 마이너스 감정이 뱀이 몸을 사리듯이 도사리고 있는 것이다. 고지식하다거나, 괴짜라고 하는 소릴 듣게 되니 감정을 드러내지 않고 멈춰 버린 것이다. 심리적으로는 그러한 강제된 방식으로 살아왔기 때문에 어느 시점에 '성적우수'가 어렵게 되면 생활태도가 한순간에 변하는 것은 당연한 것이리라. 단지 갑자기 변한 것은 「생활」, 다시 말해 「행동」일 뿐이지, 「마음」이 변한 것은 아니라는 얘기다.

만약 그의 「마음」에 변화가 있었다고 한다면, 그는 범죄의 현장에 뛰어들지 않고 현실을 극복하였을 것이다. 행동을 다르게 하면 마음도 다르다고 생각하는 것은 잘못된 것이다. 사람은 같은 마음으로도 정반대의 행동을 하기도 하며 같은 행동으로도 마음은 전혀 다를 수 있다는 것이다.

분발하지 않으면 인정받을 수 없다는, 받아들여지지 않으면 어쩔까 하는 불안이 그에게 있기에 그에겐 채찍으로 작용했을 것이다. 그러나 자신의 능력으로는 한계, 이미 인정받지 못하게 되는 그런 상황이 될 때 그 사람을 움직이게 하는 것은 마음 밑바닥에 있는 적의, 증오, 또는 충

반듯한 아이의 범죄심리

동 같은 것들뿐이다.

이처럼 사회적으로 비교적 양호하게 적응해 온 사람이 어느 때부터인가 매우 충동적인 행동을 자주 하게 되는 것을 볼 수 있다. 이러한 사람의 심리적 좌절은 생각해 보면 수긍이 가는 측면도 있다. 원래의 마음은 무책임한 것인지 모르겠지만 겉으로 드러나 보이는 「모양」은 착실하게, 훌륭하게 보일 수 있다. 착실하게 살기만 한다면 자신을 지킬 수 있다고 생각할 수 있다.

자기와 전혀 관계가 없는 주부를 살해한 소년도, 버스 납치범이 된 소년도, 성적이 우수하고 착실하였다. 둘 다 '도저히 믿기지 않을 정도로 착실한 아이'였다. 그러나 그런 식으로 표현되는 극단적인 것, 바로 그것이 문제였다. 그들은 극단적으로 과도하게 적응하려 했고 마음의 갈등으로 에너지를 소모하여 결국 하나도 남지 않게 되었다. 가족과 공감하고 동료들과 공감하면서 성장해 온 사람은 사람과의 인지상정에서 얻게 되는 에너지를 저장해 둘 수 있지만 이들에게는 저장된 에너지가 없었다. 결과적으로 그들은 심리적으로 성장하는 데 실패했다고밖에 볼 수 없다.

# 「착실함」이라고 하는 가치

　우리들은 '세상에 둘도 없는 착실한 사람'이랄까, '믿기지 않을 정도로 착실한 사람'을 「모범적」이라고 보아도 될까?

　이것을 다른 관점에서 보면 '마음이 닫혀 있고 완고한 성격의 소유자'[17]로 볼 수 있다. 이러한 성격에 대해 '사회성과 생산성이 결여된 성격'[18]이라고도 표현할 수 있다. 이것은 정신분석학자 프로이드가 말한 「항문성격」의 완고함을 보여 준다고 할 수 있다.

　항문성격은 프로이드가 주장한 「항문기」에 고착된 성격 유형을 말한다. 항문기는 태어나서 바로 들어서는 「구순기」에 뒤이어 두 번째로 오는 단계로서 리비도(욕망, 충동)가 이 시기에 머무르게 되면 매우 꼼꼼하거나 완고하고, 고집이 센 성격이 나타난다. 믿기지 않을 정도로 착실

---

**17** H. 텔렌바흐, 『우울감』, 木村敏 옮김, 미스즈書房, 1978년, p.123

**18** 前揭書, p.123

066　　　　　　　　　　　　　　　　　　　　반듯한 아이의 범죄심리

하다고 하는 것은 바로 이 항문성격을 말하는 것이다.

　우리들은 곧잘 착실하다고 하는 가치에 '얽매이게' 되지만 '세상에서 둘도 없을 만큼 착실한 사람'이라고 하는 강박성 성격이라고 할 수 있다. 다시 말해 꼼꼼하고 완벽주의적이면서 융통성이 없고 유연성이 없는 소위 '표자정규(杓子定規)'[19]의 사람을 말한다.

　'착실하다'고 하는 하나의 가치가 '모범생'이라고 하는 유일무이의 판단기준이 되어 버렸다. 이처럼 하나의 기준으로 사람을 평가하고 분류하는 것을 하버드대학 심리학자 엘렌 랑거 교수는 「mindlessness」[20]라고 한다.

　어쨌든 이러한 사람들이 모범생으로 평가받고 있다는 것은 우리들이 사람을 평가할 때 '행동만을 보고 어떤 식으로도 마음을 보지 않는다'라고밖에 할 수 없지 않은가?

　마음을 보면 그들이 불안과 공포 안에 갇혀 있다는 것을 알 수 있다. 그들은 이러한 불안과 공포를 '착실함'으로 극복하려고 했으리라. 그러나 그러한 시도는 실패하고 말았다. 거기서부터 그 불안과 공포를 극복하기 위해 착실함의 정반대의 방향으로 벗어나고 말았던 것이리라.

　'믿기지 않을 정도로 착실한 사람'일 때도, 반대로 범죄에 뛰어들게 될

---

**19** 한 가지 표준을 무엇에나 적용시키려고 하는 융통성 없는 방법, 태도 등을 말함.

**20** Mindlessness(마음 챙김 없음): 현재 순간에 일어나는 신체 내·외부의 경험을 알아차리지 못하는 것으로 마음 챙김(mindfulness)과 반대되는 개념이다. 마음 챙김 없음은 마음이 흐트러지고 산만하고 어떤 견해에 집착하여 '좋다' '나쁘다'라는 판단을 함으로써 지금 순간에 일어나는 경험들을 수용하지 못한다(상담학 사전, 2016. 1. 15., 학지사).

때도 행동은 달라도 마음은 같다. 어느 쪽도 마음속은 동일하게 불안과 공포로 가득 차 있는 것이다.

'갑자기 변했다. 갑자기 변했다'고 하는 사람들에게는 돼지우리로부터의 소리도 마구간으로부터의 소리도 같은 소리라고 여기는 사람들이다. 말이 히히~힝~ 하고 우는 것도 돼지가 내는 소리와 같다고 여기는 것이다. 돼지인지 말인지에는 도무지 관심이 없다.

이것은 '사디즘'과 '마조히즘'을 생각하면 더 쉽게 이해될 수 있다. '사디즘'과 '마조히즘'은 현상으로 보면 정반대다. 전자는 상대를 지배하려는 것이며 후자는 상대에 복종하는 것이다. 그러나 심리적으로 보면 그것은 동일한 무력감의 극복이라고 할 수 있다. 프롬의 『자유로부터의 도피』에서 주장한 것과 같이 양쪽 다 '참기 어려운 고독감'으로부터의 도피라고 하는 것이다.

요약하자면 '같은 동기에서 비롯되지만 나타나는 것(현상)은 정반대'라고 할 수 있다.

반듯한 아이의 범죄심리

# 학교에서 말하는 「모범생」은 대체 무엇인가

도대체 사람을 살해한 학생을 「모범생」이라고 하는 학교 관계자의 말, 그 자체가 이상하지 않은가? "어딘가 우리들의 생각이 이상하지 않은가?"라고 가정한다면 그 말은 이해가 될 수 있다. 하지만 사람을 살해한 후에도 학교 관계자는 여전히 '모범생'이라고 말하고 그것을 그대로 기사로 옮기는 신문기자의 행태는 도저히 납득이 되지 않는다.

원래 기자회견 장소에 선생님이 '모범생'이라고 말할 때 "선생님, 그 생각이 어딘가 이상하지 않나요?"라고 하면서 문제를 제기하는 것이 신문기자의 역할이 아닌가? 대체 이 상황에서 누구를 위한 기자인지 이해가 안 된다.

'세상에 둘도 없는 착실한 사람'도 '모범생'도 그들의 「거짓자기(疑似自己)」라고 할 수 있다.

적어도 기자회견하는 곳에서 기자가 "그 학교에는 다른 '모범생'은 없는 것인가요?"라고 질문을 했다면 차라리 나을 것이다. 그랬다면 차차 본질을 캐치할 수 있기 때문이다.

문제가 있는 '모범생'이라고 하는 선생님은 대체 어떤 생각을 갖고 있는 것일까? 그것은 진정한 자신을 갖지 못한 채 학생을 지도하고 있는 교사라고 할 수 있다. 그것은 학생이나 보호자로부터 좋은 선생님이라는 평가를 받고 싶은 마음에서 열심히 하는 교사다. 늘 무리해 가면서 쌓이는 욕구불만으로부터 학생이나 보호자가 보지 않는 곳에선 무슨 일을 할지 알 수 없다.

'처음부터 정말 모범적인 학생'은 존재하지 않는 것처럼 '처음부터 정말 모범적인 선생님' 역시 존재하지 않는다. 어떠한 실패나 좌절이 있어 정신적인 성장을 하고 그 후에 '모범적인 학생'이나 '모범적인 선생님'이 나올 수 있다.

반듯한 아이의 범죄심리

# 「방어의 와해」가 일어나는 순간

　세상이나 언론은 범죄가 일어나게 되면 그 순간 '동기, 동기' 하며 야단
법석을 떤다. 그러나 일상생활의 사소한 행동에도 동기가 있고 지금까
지 언급한 대로 「착실한, 모범적인」 것처럼 사회적으로 평가되는 행동에
도 동기는 여러 가지가 있을 수 있다. 인간의 행동은 사회적으로 바람직
한 것에도 동기가 있지만 사회적으로 바람직하지 않은 행동에도 동기는
있는 것이다.

　그래서 동기와 행동은 별개인 것이다.

　그것을 같다고 믿어 버리는 것은 비단 부모나 학교가 학생을 평가할
때뿐만이 아니다.

　남편의 바람기로 고생하는 아내조차도 "남편은 지금까지 20년간 착실
하게 일해 왔는데…"라고 말한다. "언젠가 깨우치면 예전의 남편으로 돌
아오겠지 하고 믿고 있습니다."라고 말한다. 그런데 그 '착실함'이라고

하는 것은 단지 '아무 일 없이 일을 잘해 왔다' '회사를 쉬지 않고 일해 왔다'라는 것에 불과하다. 역시 어떠한 마음으로 일해 왔는지에 대해선 생각하질 않는다.

착실하게 노력하면서도 좌절하는 사람은 어릴 적부터 순종적으로 살아온 사람들이다. 그러면서 자신의 의지로 무언가를 해 보지 못했던 사람들이다. 자신의 의지로 움직이지 않았기 때문에 체험으로부터 무언가를 배울 기회가 없었다.

자신은 고양이인데도 부모로부터 호랑이가 훌륭하다고 못이 박히도록 들어왔다. 그렇기 때문에 호랑이의 옷을 입고 호랑이처럼 걷는다. 이 경우 '괴롭다!'고 생각하는 게 당연하다. 부모의 가치관으로 살고 있는 것이지, 자신의 의지로 살고 있는 것이 아니기 때문이다.

따라서 상황에 대응하는 지혜가 갖춰질 리 없다. 그러는 동안 의지 그것이 없어져 버린 것이다. 이것은 자신이 진정한 자신을 거부해 버린 상태다.

또한 착실함만으로는 상황의 변화에 이르지 못한다. 그럴 때 텔렌바흐가 얘기한 「방어의 와해」[21]가 일어난다.

그래서 그때가 바로 '사회적 사건이 일어나는 때'라고 할 수 있다.

「거짓자기」로 살아온 사람들은 마음의 갈등을 착실함이라고 하는 겉모습을 내세워 억압해 왔다. 앞에서 언급한 바와 같이 착실함으로 현실

---

21  H. 텔렌바흐, 『우울감』 木村敏 옮김, 미스즈書房, 1978년, p.294

반듯한 아이의 범죄심리

을 극복하려고 한다. 착실하게 행동하면 자신을 평가해 준다고 생각한다. 착실하게 행동하면 잘못이 일어나지 않는다고 생각한다. 그렇기 때문에 '착실함'이라고 하는 방어가 와해될 때까지 그러한 삶의 태도를 벗어날 수 없게 되는 것이다.

# 「정의」와 「진리」의 강요 뒤에 감춰진 심리

착실함을 높게 평가하는 사회적 분위기는 일본의 특징이라고도 할 수 있겠지만 미국에서도 이러한 경향은 존재한다. 특히 문제를 일으키는 사람들에게 이런 경향이 두드러진다.

1997년 미국 역사상 최대의 집단자살이 벌어진 Heaven's Gate(천국의 문)라고 하는 사이비 종교집단이 있었다.

당시 미국 당국이 이 종교단체의 신자 39명의 사체를 발견했을 때, 그들은 신분증명서를 지니고 있었다. 21명은 여성이고 18명은 남성이었다. 연령은 26세부터 72세까지 모두 평소 착실하고 근면한 사람들로 알려졌다.

그 가운데 한 사람 27세의 여성이 종교집단에 들어오고 나서 3년이 지나 부모에게 편지를 보낸 것으로 밝혀졌다. 편지의 내용은 '걱정하지 마세요. 여기 있는 사람들 모두 착실한 사람들이니까… 담배도 피우지 않고 술도 마시지 않는 사람들이에요'라는 것이었다.

술도 마시지 않고 담배도 피우지 않는 것. 그것이 좋은 것이라고 하는 가치관. 유아기로부터 부모의 가치관의 강요의 결과로 여겨진다. 그녀는 자신은 좋은 일을 하고 있다고 생각했을 것이다. 이 27세의 여성에게 있어 좋은 사람이라고 하는 것은 담배를 피우지 않고 술을 마시지 않는 사람인 것이었다.

마음의 밑바탕에 증오심을 가지고 있는 사람은 표면적으로는 좋은 사람으로 보일 수 있다. 이 문제에 대해서는 후에 「성격의 재구성」에 대해 다룰 때 자세하게 설명하기로 한다.

이와 같이 「정의」랄까, 「진리」랄까 이런 것들을 소리 높여 주장하는 것으로 마음의 갈등을 억압하려고 하는 사람도 있다. 여기서는 정의나 진리를 여봐란듯이 내세우는 사람들이 왠지 모르게 많은 사람들로부터 외면당하는 이유가 있는 것이다.

사람은 훌륭한 것을 말하는 그래서 언뜻 보기에 착실한 것처럼 보이는 사람에게는 왜 그런지 친근함이나 호감을 갖지 못하고 피하려고 하는 성향이 있다. 많은 사람들은 정의나 진리를 주장하는 상대의 '감춰진 진짜 동기'인 증오의 감정을 무의식적으로 민감하게 캐치하고 그것에 혐오감을 갖게 되는 것이다. 상대의 감춰진 마이너스 분위기를 구체적으로 언어화하지는 못하지만 어떻게든 감지할 수 있게 되는 것이다.

맞는 말만 하고 훌륭한 말만 한다고 하더라도 왜 그런지 거짓 냄새가 나는 것을 감지하게 된다. 이유는 잘 설명할 수 없지만 당장 공감이 하나도 안 되고 함께 하고 싶은 마음이 안 든다. 많은 사람들이 혐오하는 것은 정의나 진리, 그 자체가 아니라 그것을 주장하는 사람의 '감춰진 진짜 동기'인 것이다.

그럴듯한 말만 하면서도 정작 자신은 고립되어 버린 사람, 맞는 것을 주장하면서도 받아들여지지 않는 집단에는 반드시 '감춰진 진짜 동기'가 있는 것이다. 사람은 다른 이의 착실함, 정의, 진리의 이면에 숨어 있는 증오심을 결코 따라갈 수 없는 존재인 것이다.

반듯한 아이의 범죄심리

# 아버지를 힘들게 했던
# 소년의 묻지마 폭행사건

2000년 12월 16일, 오후 9시 5분경 시부야역 동쪽 출구의 길거리에서 17세의 소년이 금속 방망이를 휘두르며 지나가는 행인들을 공격한 묻지마 식의 폭행 사건이 벌어졌다. 8명의 사람이 얼굴, 어깨 등을 다치는 중경상을 입었다. 소년은 이날 사소한 일로 아버지와 다투고 나서 '아버지에게 개망신을 주려고 일을 저질렀다'고 한다.

'아버지에게 개망신을 주려고 했다'는 것은 아버지를 향한 애정욕구라고 할 수 있다. 소년은 애정욕구가 채워지지 않자, 아버지를 향한 격한 증오의 감정을 품게 되었다. 그래서 아버지에게 복수를 하려고 금속 방망이를 휘두르는 사건이 벌어지게 된 것이다.

소년이 다녔던 고등학교에서 열린 기자회견에서 학교 측은 그 소년의

학습상황에 대해 '성적이 우수하고 착실했다'고 언급했다.[22]

물론 자기실현의 결과로 성적이 우수한 게 아니라 사람에게 인정받기 위한 우수한 성적이었을 것이다. 그러니 제아무리 성적이 우수했다고 해도 자기긍정의 감정을 갖지 못했을 것이다. 만약 성장을 위한 능력의 결과로 '성적이 우수했다'고 하면 설령 아버지에게 불만이 있다고 해도 자기긍정감은 여전히 남아 있었으리라.

그러나 타인에게 받아들여지기 위한 '성적우수'였기 때문에 성적이 우수했어도 늘 불안했다. 정신과 의사 존 웨인버그가 '인간의 행동은 배후에서 동기가 되는 생각을 강화한다'고 말한 것처럼 그는 불안으로부터 공부를 했기 때문에 더더욱 불안하게 되었던 것이다.

성적이 우수한 것이 그에게 심리적 안정을 가져다주지는 못했다. 그는 공부를 열심히 해 성적은 우수해졌지만 마음속은 점점 더 불안해져만 갔다. '공부를 잘하지 못하면 자신은 가치가 없다'라고 하는 자신에 대한 사고방식을 점점 더 강화해 간다. 그리고 결국에는 자신감을 잃게 된다.

그가 유난히 불안해했기 때문에 그저 사소한 일로 아버지와 말다툼을 하게 된 것이다. 그래서 그것이 계기가 되어 시부야 길거리에서 금속 방망이를 휘둘러 통행하는 사람을 덮치는 흉악하고 난폭한 행동이 나오는 것이다. 보통의 경우라면 아버지와 다투는 정도로 금속 방망이를 휘둘

---

22 2000년 12월 18일자, 니혼게이자이신문 석간

반듯한 아이의 범죄심리

러 통행하는 사람을 공격하지는 않는다. 이것은 그가 그 정도로 심히 불안해했다는 것으로 그만큼 간절히 아버지에게 애정을 구했다는 것을 말해 준다.

공부를 열심히 한 것도 성적이 우수한 것도 사회적으로는 바람직한 것이리라. 그 테두리 안에서 그는 꼼짝할 수 없게 되었고 심리적으로 병들게 된 것이리라. 이처럼 끔찍스런 행동에 뛰어든 것은 바로 「방어의 와해」에서 비롯되었다고 할 수 있다.

그는 중학교 시절, 가정폭력을 여러 차례 반복해서 경험한 것으로 보인다. 「가장 가까운 사람의 내적 거리」[23]라고 하는 표현이 텔렌바흐의 저서 가운데 나오지만, 그에게 있어 아버지와의 관계가 바로 이런 것이 아니었을까? 아버지는 혈육으로서는 가까이 존재하지만 심리적으로는 멀리 있었다. 아버지는 그와 감정을 공유할 수 있는 사람이 아니었다. 그는 거기서 대인관계의 능력을 갖출 기회를 놓쳐 버렸다.

마음 깊은 곳에 증오심으로 사로잡혀 있었던 그는 착실함 이외에는 어떻게 해야 좋을지 알 수 없었을 것이다. 표면의 행동으로 감춰진 진짜 동기, 바로 그것을 간파하는 것이 사건의 본질을 이해하는 최선의 방법이라 할 수 있다.

---

23  H. 텔렌바흐, 『우울감』, 木村敏 옮김, 미스즈書房, 1978년, p.294

# 자살신호는 애정을 구하는 수단

성적이 우수하다는 것으로 마음의 갈등을 극복하려고 하는 사람은 미국에도 있다. 미국에서 10대의 자살에 대해 조사한 결과, 자살한 10대의 학교 성적은 비교적 우수했다. 학업에 문제가 있는 아이는 11%밖에 되지 않았다.[24]

이 조사결과에 따르면 10대의 자살에서 중요한 요인은 가족 간의 관계였다. 이들은 부모와 자녀 사이에 대화가 없고 부모와 자녀 관계가 좋지 못한 것으로 드러났다. 10대는 아직 사회성이 부족하기 때문에 살아있는 지혜가 충분하지 못하다. 게다가 그들은 부모로부터 살아가는 법을 익히지 못한 상태다. 사람과의 교제랄까, 사회의 룰이라고 할까, 사랑이라 할까, 이런 것들을 배우지 못한 채 성장했다. 현실의 겉모습과 내면

---

24 Kathleen Stassen Berger, The Developing Person Through the Life Span, Worth Publishers Inc., 1988, p.385

반듯한 아이의 범죄심리

에 대해 가르침을 받지 못한 채 현실을 살아가기 때문에 어떻게 삶을 살아야 할지 모르는 사람이 되어 가는 것은 결코 이상한 일이 아니다. 거기서 도피의 수단으로 자살을 선택하는 젊은이가 나오게 되는 것이다.

그들은 자신이 죽으면 모두가 자신을 사랑해 줄 것이라고 믿는다. 모두가 자신을 가엽게 여길 것이라고 믿는다. 모두가 죽은 자신을 동정해 줄 것이라 여긴다. "좀 더 사랑해 주었으면 좋았으련만…"이라고 모두가 후회할 것이라고 생각한다. 마치 이런 것들을 그들은 상상한다. 자신이 죽은 후에는 자신의 일을 생각하며 모두가 우는 모습을 상상한다. 그들은 모두가 자신을 사랑해 주지 않았다고 느끼며, 거기서 애정을 구하는 수단으로서 자살을 시도하는 것이다.

정신과 의사인 카렌 호나이가 얘기한 「신경증적 애정요구」라고 할 수 있다. 그것은 '사랑해 주지 않아 죽음을 택한다'고 하는 요구다. 이것은 동시에 위협일 수 있다. 그리고 그들은 그것을 실행해 버리고 마는 것이다.

자살하려는 행위로 주변으로부터 주의를 끌려고 하는 것과, 시부야 거리에서 금속 방망이를 휘둘러 사람들을 공격해 아버지를 곤란에 빠뜨리려고 한 것은 심리적으로 동일한 것이다. 양쪽 모두 부모를 비롯해 주변의 중요한 사람으로부터 적극적인 관심을 받고 싶어 한다. 애정욕구라고 하는 측면에서는 똑같다고 보면 된다.

# 성적이 뛰어났던 소년이 저지른 신주쿠 폭파사건

2000년 12월 4일 오후 8시 15분경, 신주쿠구 가부키쵸의 비디오가게에 검은 비닐 테이프로 싸여진 소프트볼 사이즈의 폭탄을 누군가 입구에서 던져 폭탄이 가게 안으로 굴러들어 왔다. 바로 후 가게 안에서는 폭발이 발생했다. 다행히도 다친 사람은 없었다.

범인은 도치기현에 있는 집으로부터 가출한 고등학교 2학년 학생으로 당시 17세였다. 그가 다니던 학교의 교감선생님은 "소년은 성적이 좋은 모범생이었다. 결석도 하지 않고…"[25]라고 했으며 반 친구들은 "착실하고 성적도 언제나 1등이었는데 설마 그런 일을 했으리라곤…"이라고 하며 도저히 믿을 수 없다는 분위기였다.

17세의 소년은 범행의 동기에 대해 "인간을 파괴하고 싶었다."라고 하

---

25  2000년 12월 15일 니혼게이자이신문 석간

반듯한 아이의 범죄심리

며, 폭발시킨 후에 사람을 엽총으로 쏠 생각이었다고 진술했다고 한다.

그는 농업고등학교에 다녔고 성적은 톱클래스였다. 그러나 역시 우수한 성적은 그의 자신으로는 이어지지 못한 모양이었다. 그는 아마도 불안으로부터 노력하였고 모범생이 되려고 하면 할수록 더욱 불안해졌을 것이다. '행동은 배후에 있는 동기가 되는 생각을 강화한다'라고 하는 것처럼 그의 이러한 노력은 그에게 결코 심리적으로 안정을 가져다주지 못했던 것이다.

자신을 억압해 무리해 가면서 모범생의 행동을 하려고 하면서 그의 마음속에는 불안이 쌓여 갔다. 성적이 올라도, 게다가 모범생이 되어도 자기 목만 타들어 갈 뿐이었다.

그래서 자신의 욕구를 억압하면 억압할수록 증오의 마음이 무의식의 영역에 퇴적되어 갔던 것이다. 증오의 감정은 더욱 심해지게 되었고, 결국에는 '인간을 파괴'하고 싶어졌다. 그래서 폭탄을 가게로 던지고 사람을 엽총으로 쏘려고 했던 것이다. 그는 어느 시점에선가 '모범생이었던 자신의 길이 잘못 가고 있음'을 깨달았는지 모른다. 하지만 그 때는 이미 모든 게 돌이킬 수 없는 상태가 되어 버린 것이다.

# 「착실한」 행동의 동기가 되는 것은

여기에서는 착실함의 동기에 대해 자세하게 살펴보고자 한다.

첫 번째는 자신의 목적을 향해 착실하게 노력하고 분발하는 사람이다. 이것은 바로 「자기실현」을 위한 착실함이다. 자신의 내면을 희생하지 않고 성장하는 것이 가능한 사람은 자연과 사회성, 능동성, 적극성, 자주성이 갖춰져 있는 사람이다. 그래서 이것이 소위 「인간성」이라고 일컬어지는 것이라 할 수 있다.

두 번째, 사람으로부터 인정받기 위해 착실한 사람처럼 행동하는 사람이 있다. 이것은 「자기방어」를 위한 착실함이다. '타인의 마음에 들고 싶어서, 수용받고 싶어서'라고 하는 인간의 기본적 욕구가 충족되지 않는 한 인간은 성장동기로 행동하기 쉽지 않다. 그래서 늘 불만이다. 그러나 '타인의 마음에 들고 싶다'라고 하는 기본적 욕구가 있는 한, 그 불만을 표현하는 것은 불가능하다. 그리고 그 불만은 어느덧 원한으로 바

반듯한 아이의 범죄심리

뛰어 간다.

기본적인 애정욕구가 충족되지 않았는데도 '앞을 향해!'라고 외친다고 해도 결국은 무리가 아닐 수 없다. 제아무리 착실하고 좋은 사람이라고 하더라도 마음 밑바닥엔 증오심이 가득 차 있는 사람들인 것이다.

그들은 심리적으로 소진되어 있다. 불만을 솔직하게 표현할 수 있다면 해결이 가능하고 심리적으로 편한 상태가 되지만, 그러나 '있는 그대로의 자신에게는 가치가 없다'고 하는 생각과 '타인의 마음에 들고 싶다'고 하는 욕구가 존재하는 이상, 불만을 직접적으로 표현하는 것은 불가능하고 거기서 스트레스가 높아질 뿐이다. 재미없는 일이 계속되면 혈압 또한 올라간다.

타인의 마음에 들고 싶어 하는 이상, 대립은 피하고 싶다. 이런 식으로 인간관계에서 에너지를 소진해 가게 된다. 에너지를 점점 잃게 되면서 마음 깊은 곳에서는 증오심이 커져만 간다.

# 「소진 증후군」으로 괴로워하는 사람들

직장에서나 공부를 할 때에는 열심히 노력한다. 일상생활도 착실하게 한다. 하지만 뭔가가 채워지지 않는다. '어떤 사람의 유형이 소진으로 힘들어하는가?'라는 물음에 『소진증후군』의 저자 프로이덴 버거는 '타인에게 호감을 받으려고 하고, 인정받으려고 하는 성향이 강한 사람'이라고 답하고 있다. 호감 받으려 하고, 인정받으려 하는 동기로부터 나오는 행동으로 에너지를 소진했을 때에는 쉽게 짜증을 내게 되고 자기중심적으로 되어 다른 사람의 이야기를 들으려 하지 않게 된다는 것이다.

표면적으로 훌륭한 성공을 거두었느냐에 관계없이 그들이 좌절하는 것은 감춰진 진짜 동기에 문제가 있기 때문이다. 다시 말해, 일을 열심히 하는 진짜 동기는 '이미 자신이 사랑받기에 합당한 사람이라는 느낌을 음미하기 꺼려하기 때문'. '난 그 이상 더 잘 할 수 없어'라고 하는 무력감, 자기부전감 등으로부터 벗어나려고 발버둥치기 때문이기도 하며 그

반듯한 아이의 범죄심리

밖에 여러 가지의 불안에 대한 방어 때문이기도 하다.

크나큰 범죄를 일으킨 소년들이 '착실하고 우수하며 성격이 밝았다'고 하는 것도 앞서 언급했다시피 불안에 대한 방어로서 착실함, 우수함, 밝음이었다는 것이다. 청소년뿐만 아니라 성인 역시 마찬가지다.

사람은 자신이 무기력한 인간이라고 하는 느낌을 피하기 위해 남보다 두 배나 열심히 일을 하고 착실하게 행동하는 경우가 있다.

'무엇을 위한 착실함인가?' 그것은 타인으로부터 인정받으려고 하는, 보호받으려고 하는 착실함이라고 할 수 있다. 그래서 가까운 사람과의 관계에서는「보호와 영합」이라고 하는 관계가 성립하게 된다. 이 관계에서는 배려가 없다. 상대의 인격을 존중하지 않는다.

우울증을 연구한 아론 벡의 표현을 빌리자면「지배-복종의 관계」가 성립되어 있다고 하는 것이다. 이처럼 예를 들면 어머니는 자식이 자신에게 있어 '이상적인 자녀'로 존재하는 한, 자식을 보호하고, 지키려고 한다. 그러나 뒤에서 자녀를 배려하는 것과 같은 양육의 방법은 취하지 않는다.

이러한 경우 '이상적인 자녀'라는 것은 부모의 신경증적 자존심을 만족시켜 주는 그런 자녀를 말한다. 다시 말해, 그 가정의 사회적 평가를 향상시켜 주는 자녀를 말한다. 이러한 관계의 뿌리에는 진정한 신뢰관계가 없기 때문에 어느 쪽도 심리적으로 성장할 수 없다. 또한 심리적 성장에 필요한 격려가 없다. 격려라고 하는 것은 실패했어도 책망하지 않는 것을 말한다.

# '타인에게 수용되는' 마음의 안전장치를 잃었을 때

불안한 사람에게 있어서는 '수용된다'는 것이 마음의 안전장치다. 수용된다고 하는 것으로 자신의 존재의미를 갖는다. 카렌 호나이의 표현을 빌리면 「사활적 중요성(Vital importance)」이다.

주변으로부터 나쁘게 인식되고 싶지 않기 때문에 언제 보아도 자신 없어 하며 걱정하는 듯한 표정을 짓는다. 그들은 소심해서 자신의 지위나 거처를 지키는 것에도 매우 신경을 쓴다. 소심해도 정말이지 소심해서일까, 때로는 잔학하기까지 하다. 인간성을 갖추기 위한 중요한 소집단(소그룹)을 어릴 적부터 갖지 못해서이지 않을까? 유소년기를 거치면서 가정에서 강한 신뢰관계를 완전하게 쌓지 못했던 게 아닐까?

그들은 가장 중요한 자신의 불안을 전혀 깨닫지 못하고 노력만 하는 경우가 많다. '성적이 좋고 주변으로부터 인정받는다'고 하는 것처럼 자신의 노력에 보답이 있는 한 에너지는 계속 유지될 수 있지만, 상황이 생

반듯한 아이의 범죄심리

각한 대로 되지 않고 주변으로부터 받아들여지고 있다는 느낌이 들지 않게 될 때, 불안한 마음의 표현방식이 한순간에 바뀌게 된다. 불안한 마음이 '착실한 노력'에서 '폭주하는 범죄'로 말이다. 이른바 '뚜껑이 열리는 순간'이다.

우리들 자신이 타인의 칭찬을 얻고 싶어 하는 것이 어느 정도 자신의 본래의 힘을 잃게 되는가 하는 점은 구체적으로 알 수 없다. 게다가 착실한 것밖에는 다른 살아갈 방법을 알지 못하였기 때문에 착실하게 행동하는 사람도 있다. 이런 사람들이 '세상에서 둘도 없는 착실한 사람'이라고 하는 부류다.

프롬이 말한 것처럼 비단 어린 아이만 무력한 것이 아니다. 어른도 이와 같다. 어른도 어린 아이와 마찬가지로 확실성과 방어와 애정을 줄 수 있는 힘을 필사적으로 요구한다. 그것을 처음부터 줄 수 있는 사람은 진정으로 어머니다운 어머니라고 할 수 있다.

실제 어머니가 없을 경우에는 어머니를 대신해 줄 사람이 필요하다고 프롬은 주장한다. 「확실성과 방어와 애정을 줄 수 있는 사람을 미친 듯이 원하는 것보다 더 이상 자연스러운 일이 인간에게 있을 수 있을까?」[26]

몇 번이고 반복하지만 착실함이 지나칠 정도로 착실한 것은 불안하기 때문이다. 17세의 소년이 '세상에 둘도 없을 정도로 착실하다'고 하는 것은 그런 행동을 통해 보호나 의존을 요구하고 있기 때문이다.

---

26 Erich Fromm, The Heart Of Man, Harper & Row, Publishers, New York
에리히 프롬, 『악에 대하여』, 鈴木重吉 옮김, 紀伊國屋書店, 1965년, p.127

우울증이 되기 쉬운 성격의 사람들의 「착실함」이야말로 바로 이런 경우에 해당한다. 우울증이 되기 쉬운 우울감-친화형의 착실함이 있을 수 있다. 우울감-친화형에 대해서는 앞장에서도 간단하게 언급하였지만, 우울증의 병전(病前) 성격으로 텔렌바흐가 지적한 것으로 무슨 일에도 완벽주의적 성향으로 꼼꼼하고 책임감이 강한 성격의 소유자를 가리킨다.

그들에게는 내부에 강한 질서지향성이 존재한다. 「내적질서」에 의해 강제되어 있는 것이다. 「내적질서」라고 하는 것은 사회나 소속된 집단 등 외부 요소로부터 강하게 나타나는 질서가 아닌 자신 내부로부터 생겨난 질서를 말한다. 보다 알기 쉽게 얘기하면 '융통성이 없거나 바보처럼 고지식한' 사람이 여기에 해당한다. 오직 자신만이 착실하다고 여긴다. 때에 따라서는 그것이 주변의 상황에 어울리지 않는 극단적인 착실함이 되어 버리는 경우도 있다. 그것이 바로 우울감-친화형의 우울증 병전성격의 사람이 보이는 착실함이라고 할 수 있다. '지나치게 착실해서… 그래서 그렇게까지 하지 않아도 되는데'라는 주변 사람들의 얘기는 전체 상황을 보고 하는 말이다. 하지만 전체를 보지 않고 「내적질서」로부터 나오는 과도한 착실함은 그 사람을 소진시킨다. 반면에 에너지가 있는 사람은 생각이 유연하다. 생각이 유연한 사람은 '자신을 위한 에너지가 있다'고 하는 편이 더 적절할지 모르겠다. 하지만 생각에 유연함이 없는 사람은 그렇게까지 긴장할 필요가 없는데도 늘 긴장하기에 거기서 그만 소진해 버리고 만다. 우울감-친화형의 사람이 우울증이 되기 쉬운

반듯한 아이의 범죄심리

것은 역시 다른 사람들보다 지나치게 더 많은 에너지를 소모해 버리기 때문일 것이다. 같은 환경이라 할지라도 보통 사람보다 훨씬 더 불안한 긴장상태에 놓여 있게 된다. 그것만으로도 보통사람들보다 훨씬 더 쉽게 지쳐 버리고 만다.

# 상대의 마음을 보아야
# 괴로움이 보인다

에리히 프롬은 『악에 대하여』라는 저서에서 '인생은 태어나는 순간부터 두 가지 경향성을 지니게 된다'고 말한다. '부담을 뒤로하고 독립을 추구하는 경향'과 '보호나 의존을 추구하는 경향' 다시 말해, '모험을 추구하는 경향'과 '확실성을 추구하려는 경향'이다.

자신의 본질은 보호나 의존을 추구하고 있는데도, 현실 사회생활에서는 독립한 개인으로서 살아갈 것을 강요받는다. 20세가 되면 사회는 그 사람을 20세의 인간으로 취급한다. 그는 한 사람의 성인이자 사회인이다.

그러나 그 사람의 내면은 여전히 보호나 의존을 추구한다. 그렇게 되면 하루하루 살아가는 것이 괴롭다.

사람은 무언가 겉으로 보이는 곤란이 닥치게 되면, "괴롭다!"며 말로 표현하여 그것을 확인시켜 준다. 예를 들면, 회사의 구조조정으로 해고

반듯한 아이의 범죄심리

를 당하게 된다면 '경제적으로 큰일이네'라고 곤란함을 표시한다. 마라톤을 한다 치면 '힘들겠지'라면서 괴로움을 인정한다. 수험생인 경우, '공부가 힘들다'고 어려움을 호소한다. 그래서 "힘 내!"라고 말해 주는 것이다.

반대로 눈에 보이는 곤란이 전혀 없는 경우는 어떨까? 어떤 사람이 '사는 게 힘들다'고 말한다면 "좋은 세월은 다 보내면서 대체 무슨 소릴 하는 거야?"라며 싸늘하게 반응하곤 한다.

그러나 이러한 반응은 과연 적절한 것일까? 나는 결코 그렇지 않다고 본다. 정리해고나 마라톤, 시험과 같은 괴로움은 분명하게 외부에서 볼 때 이해하기 어렵지 않겠으나, 이러한 괴로움은 경우에 따라선 과장되기도 하여「구조조정지옥」, 「시험전쟁」 등의 표현까지 등장한다.

하지만 정말 괴로운 것은 심리적으로는 여전히 보호나 안전을 추구하고 있는데도 한 사람의 개인으로서 사회 속에서 살아가지 않으면 안 되는 시기, 바로 그때다.

무언가 매일 하고 있지만 딱히 뭐라고 내세울 것도 없다. 특별히 지독하게 공부를 하지 않으면 안 되는 것도 아니고 엄청 부지런하게 일하지 않으면 안 되는 것도 아니다. 가령 매일 할 일 없이 빈둥거려도 이러한 사람은 그저 괴롭다. 사는 것, 단지 그것에 괴로워한다.

이「괴로움」은 심리적인 부담으로 작용하기 때문에 주변 사람들의 눈에는 보이지 않는다. 하지만 무거운 짐을 등에 지고 일하는 괴로움, 아침부터 저녁 늦게까지 공부하는 괴로움은 다른 사람에게 쉽게 전해진다. 그래서 사람들은 '괴롭다'고 하는 것이 눈에 보이는 것만을 생각한다.

어떤 부류의 사람들은 약간의 주의만 들어도 바로 뚜껑이 열리고 만다. 성격이 까다로운 사람들도 마찬가지다. '단지 이런 일로 어째서 금방 기분을 상하게 되고 마는 걸까?'라고 사람들은 생각하겠지만 기분을 상하기 전에, 가령 화가 나 있지 않더라도 이미 자신의 마음이 힘든 상태라고 비명을 지르고 있는 것이다.

'더 이상은 무리'라며 마음속에선 절규한다. 그때 그 자리에서 다그치듯이 주변에서 요구나 핀잔이 쏟아진다. 바로 그 순간 불쾌해지기도 하며 뚜껑이 열리게 되어 폭력적으로 되어 버린다. 불쾌해진다는 것은 공격의 감정이 내부에서 나타난 것이며 폭력은 공격의 감정이 외부로 터져 나온 것을 말한다.

반듯한 아이의 범죄심리

# 뚜껑이 열리는 아이들
## '화내는 자신이 두렵다'

2000년 5월 24일 아사히신문 석간은 '화내는 자신이 두렵다'고 하는 타이틀로 「소년사건이 보여 주는 것」이라는 부제가 달린 사설을 실었다.

사설에는 어떤 동급생을 죽이고 사체를 유기한 16세의 소년의 사건에 대해 다루었다. 어째서 동급생을 죽이기까지 폭력을 행사하지 않으면 안 되었을까? 거기서 동기로 언급된 것은 '욕하는 것을 듣고 혼내 주려고…'였다. 피해자에 대한 폭행은 장장 1시간 반에 걸쳐 이루어졌다고 한다.

범죄를 저지른 소년의 동급생은 그 소년이 까닭 없이 자주 뚜껑이 열리는 유형이라고 했다. 그런 소년 자신은 '화내는 자신이 두렵다'고 했다고 한다.

그 소년의 예전 모습에 대해 지인은 '인사성도 좋고 자기보다 나이가 어린 아이들을 잘 돌봐 주는 소년'이었다고 한다. 그래서 이 사설은 「난

폭함과 친절함」 그 사이에는 과연 무엇이 있을까?'라는 질문을 던지고
있다.

그 소년의 경우 친절함은 심리적 연령의 모습이며 난폭함은 사회적
연령으로 힘들어하는 모습이 아닐까? 소년에게는 열여섯 살이면 열여섯
살에 맞는 사회적 연령으로 살아가는 것이 쉽지 않았다. 아직 유아기의
보호와 엄마의 애정의 확실성을 추구하며 살아가야 맞는 시기였다. 다
시 말해, 아직 근친상간적 원망(近親相姦的 願望; 오이디푸스 콤플렉스)
이 강한 나이다. 나중에 다시 자세히 설명하겠지만 오이디푸스 콤플렉
스가 강하다는 것은 유소년기에 충족되어야 할 엄마의 따뜻한 보살핌에
대한 바람이 아직 충족되지 않은 상태라고 할 수 있다. 그런데도 그 아이
들은 사회적 연령에 걸맞은 방식으로 살아가지 않으면 안 되었던 것이
다.

이런 경우 하루하루를 살아가는 것만으로도 내면은 패닉에 빠질 수
있다. 그렇기 때문에 바로 '뚜껑이 열리고 만다.' 이것이 난폭한 모습이
다. 친절함과 난폭함 사이의 격차는 심리적 연령과 사회적 연령과의 격
차라고 할 수 있다.

사람은 「신체적 연령」과 「사회적 연령」, 그리고 「심리적 연령」이 세 가
지로 살아가게 되는데, 이 세 가지가 일치하지 않을 때 인간은 괴로워하
게 된다.

　　　　　　　　　　　　　　　　　반듯한 아이의 범죄심리

# 주변으로부터 인정받으려고 하는 열등감과 초조함

불안으로부터 방어적인 성격으로 인해 반듯하게 살아온 사람. 반듯하게 살아왔는데도 어려움에 처하면 도움을 받을 진정한 친구가 그에겐 없다. 반듯하게 살아왔다곤 하지만 타인에게 인정받으려고 하는, 미움을 받지 않으려고 하는, 그래서 자신을 헐값에 팔다시피 하며[27] 살아왔기 때문이다.

그렇기 때문에 과거의 노력에 의해 얻어진 것조차 기대했던 것과 반대로 되고 만다. 지금을 살아가는 태도, 다시 말해 방어적 자세로 아무리 노력을 한다고 해도 그러한 노력은 그 사람을 단지 불행하게 할 뿐이지 행복하게 할 수는 없다. 이는 자신을 경멸하는 것과 다르지 않은 것으로 행복해지려는 의지는 있을지 몰라도 다 소용없는 일이 되고 만다. 불안

---

[27] 일본어의 비유적인 표현으로 타인에게 무턱대고 베풀거나 무슨 일이나 선뜻 응함을 가리킴.

으로부터 노력하는 사람은 정작 자신을 힘들게만 하기 때문이다.

그들은 주변 사람들로부터 호감을 사기 위해 열심히 하긴 하지만 기대만큼 인정받지 못한다. 자녀가 열심히 공부를 하는데도 불구하고 부모로부터 칭찬받지 못하고 눈물 흘리는 것과 비슷하다고 할 수 있다. 자녀는 "이렇게 열심히 했는데도 칭찬 한마디 못 들었어."라고 억울해하며 눈물을 흘린다.

완전히 소진해 버릴 정도로 바쁘게 뛰어다닌 사람은 '인정받고 싶다'고 하는 마음이 지나치게 강한 경우가 많다. 인정받고 싶기 때문에 특별히 자신이 떠맡지 않아도 되는 일까지 떠맡게 된다. 그러나 결과는 자신이 기대한 만큼 인정을 받지 못한다. 그래서 결국은 주변 사람들을 원망하게 된다. 여기서「적대적인 성격」으로 변하게 된다.

사람이 바쁜 나머지 스트레스로 무너지는 것은 자신한테 문제가 있기 때문에 어쩔 수 없다고 할 수 있다. 하지만 딱하게도 그들은 사랑을 알지 못했다. 사랑을 알지 못한 채 양육되었기 때문에 그만큼 타인으로부터 인정받고 싶어 했다. 그렇기 때문에 그들은 삶을 즐길 줄 모른다.

애정결핍으로부터 오는 자신의 열등감을 극복하지 않으면 어떠한 환경에 놓인다 하더라도 그 환경 자체가 스트레스가 되는 것은 마찬가지다. 다른 일을 하게 되어도 역시 거기서도 마찬가지로 초조해하며 무리해서 지나치게 바쁘게 될 가능성이 많다. 열등감만 없어질 수 있다면 자신에게 맞는 분야를 찾을 가능성이 훨씬 높아지게 된다. 또한 사랑을 체험하게 되면 초조함은 사라질 수 있다.

　　　　　　　　　　　　　　반듯한 아이의 범죄심리

# 「화목한 가족」의 내부 붕괴

지금까지 예로 들었던 사건들은 이따금씩 신문에 크게 보도된 것들에 불과하다. 사실 언론에 대대적으로 보도되지는 않았지만 유사한 사건들은 다른 사례에서도 적지 않게 볼 수 있다.

예를 들면 같은 2000년 10월 18일, 돗토리현에 사는 17세의 고등학교 3학년 학생이 어머니를 목 졸라 죽인 사건의 용의자로 긴급체포되었다. 학교에서 열린 기자회견장에서 이 학교 교장은 "소년은 '수업에도 열심이었고 공부도 곧잘 하는 모범생'이었다."고 했다. 이 사건에 관해선 입수된 자료가 많지 않아 자세히는 알 수 없지만 그 역시 「보호와 안전」을 추구해서 노력한 결과로 '모범생'이 된 것이리라. 그러나 그는 결국 스스로 지쳐 버리고 말았다.

여기서 이야기하고 싶은 것은 이런 종류의 사건을 일으키는 것이 별나게 예외적인 인간에게만 해당되는 것은 아니라는 점이다. 나는 이러

한 종류의 사건이 인간의 삶의 본질적인 부분을 드러내는 것이라 생각
한다.

'모범적이고 착한 아이'이면서도 범죄와 같은 심각한 문제를 일으키는
사람은 대체로 기본적인 욕구가 충족되지 않은 사람들이다. 화산으로
비유하자면 용암이 언제 터질지 알 수 없는 상태의 사람이라고 할 수 있
다. 하지만 주변 사람들은 겉으로 드러난 반듯함과 예의 바름밖에는 볼
수 없기에 분화시기를 예측할 수 없다.

2001년 4월 14일 효고현의 열한 살 남자아이가 부엌에 있던 식칼로 어
머니를 찔러 사망케 하는 사건이 있었다. 남자아이는 당시 초등학교 6학
년생이었다. 가끔 떼를 쓰긴 했지만 밝고 활기찼으며 어머니는 알뜰한
주부로 자녀에게 공부나 배우는 일을 강요하지도 않고 느긋느긋하게 아
이를 키웠다고 한다.

"가족 간에 사이가 좋았다. 아이 역시 학교나 친구들 얘기를 나나 아내
에게 뭐든지 얘기하곤 했다. 가정 내 폭력도 없었고 자살 같은 얘기를 입
에 담지조차 않았다."[28]

친구들을 집에 데리고 왔을 때 "학교는 어땠어?"라고 물으면 "재미있
어요."라고 대답했고 힘들어하는 모습은 전혀 느낄 수 없었다고 한다.

문제는 '느긋느긋하게 키웠다'고 하는 부분이다. 부모는 느긋하게 키
웠다곤 하지만 실은 방치하는 경우가 많다. 고집이 센 아이를 키울 때는

---

[28] 2001년 4월 21일 아사히신문 석간

반듯한 아이의 범죄심리

부모의 엄한 지도가 필요하다. '가끔 떼를 쓰긴 했지만 밝고 활기 있었고 어머니는 알뜰한 주부로 공부나 배우는 일을 강요하지도 않고 느긋느긋하게 아이를 키웠다'. 그 결과, 이러한 사건이 일어날 리 없다.

'가족 간에 사이가 좋았다'고 했지만 그 가족 간의 관계의 문제에 대해서는 나중에 다루게 될 「16세 소녀의 독살사건」에서 다시 설명하기로 한다. 나는 이 가족이 진정한 의미에서 '사이가 좋았다'고는 보지 않는다. 만약 정말 가족 간에 사이가 좋았다고 한다면 이 사건은 도저히 설명할 수가 없다.

# 그 착한 아이가 어째서?

　마찬가지로 여기 '밝은 아이'가 일으킨 사건이 또 있다. 1988년 7월 8일 중학교 2학년 열네 살의 남학생이 동경 메구로구의 자신의 집에서 회사원인 아빠와 엄마, 할머니를 살해한 사건이다.

　소년은 축구부에서 활동했고 예의 바르고 밝은 성격으로 제법 친구들로부터 인기가 있었기에 주변에선 더더욱 경악을 금치 못했다.

　대문짝만 한 타이틀로「그 착한 아이가 어째서?」[29]

　동급생의 부모는 '길에서 만나도 "안녕하세요?"라고 반듯하게 인사하는 요즘 세상에 보기 힘든 아이'라고 했다. 또한 다른 동급생의 어머니는 그 아이의 엄마가 "우리 집 아이는 반항기가 그다지 없다."고 하길래 속으로 부럽다는 생각을 했던 적이 있다고도 했다. 아이의 동급생 역시 도

---

29　1988년 7월 9일 아사히신문 조간

　　　　　　　　　　　　반듯한 아이의 범죄심리

저히 믿기지 않는다고 했다. 중학교 1학년 때 같은 반이었던 친구는 "그 아이가 폭력을 썼다는 사실이 도저히 믿기지 않는다."고 했다.

여기서도 '사람들은 행동으로 평가하지 마음은 보지 않는다'는 것을 알 수 있다.

대체로 '우리 집 아이는 반항기가 그다지 없었다'고 말하는 것 자체가 우스운 얘기다. 반항기는 자녀의 정신적 성장에 절대적으로 필요한 과정이다. 반항기가 없다는 것은 부모자식 간에 신뢰관계가 없다는 것과 다름없다. 자녀는 진정으로 부모에게 버림받거나, 미움을 받는다는 생각이 들면 반항할 수 없게 된다. 사랑받고 있다는, 인정받고 있다는 생각과 상대에 대한 신뢰감이 있기 때문에 안심하고 반항할 수 있는 것이다.

오전 3시경, 소년은 배가 아파 부모의 침실로 가서 "엄마, 약 없어요?"라고 물었다. 그런데 거기서 어머니는 "언제 잘 거야?"라며 호통을 쳤다. '보통의 부모라면 걱정이 되어 다독거려 줄 텐데 우리 부모는 전혀 그렇지 않다'며 화가 치밀어 '부모를 죽여야겠다'는 생각을 하게 되었다고 한다.[30]

소년을 잘 아는 친구의 어머니는 이렇게 얘기한다. "평상시에도 늘 문제가 있었던 이상한 성격의 아이가 범인이라면 이해가 가지만 A군은 오히려 보통 이상으로 좋은 성격의 아이여서… 애정을 쏟았는데도 이런 사건이 일어났다는 것이 참으로 기가 찰 따름입니다."[31]

---

**30** 1988년 7월 10일 아사히신문 조간
**31** 동년 7월 12일 아사히신문 조간

마이니치신문은 큰 제목으로 『왜』 깊어가는 의문, 가족참사'라는 기사를 내보냈다. 기사의 첫머리는 '도대체 왜, 답답한 의문은 하루가 지나도 깊어만 갈 뿐…'으로 시작된다.

같은 해, 7월 9일 마이니치신문은 다음과 같이 할아버지의 말을 기사로 실었다. "우리 집은 절대 그런 일이 일어날 가정이 아닌데 어쩌다 그런 일이…"

현실에서는 사건이 계속 일어나는데도 무엇이 문제인지 누구도 반성하질 않는다.

과연 이 가족의 실상은 어떠했는가?

부모가 평소에 입버릇처럼 한 말은 "좋은 사립고등학교에 들어가야 돼!"였다. 게다가 할머니와 어머니와의 관계가 좋지 않았다고 했다.[32]

할머니는 "우리 집 손자는 며느리가 만든 반찬이 입에 맞지 않아 나한테 와서 밥을 먹는다."고 말했다고 한다.[33] 그러니 그런 가정 내 분위기를 할아버지가 전혀 몰랐을 리도 없다.

---

**32** 1988년 7월 11일 마이니치신문

**33** 동년 7월 11일 아사히신문

반듯한 아이의 범죄심리

# 부모의 과도한 「거짓 사랑」

또한 같은 해 7월 11일 아사히신문에 따르면 '아버지는 자식 사랑이 끔찍한 사람이었다'고 한다. 자식 사랑이 끔찍한 것과 자식의 마음을 이해하는 것은 전혀 다른 것이다. 회사원인 아버지는 신경증적 성향의 소유자였다.

「신경증적 부모들은 일반적으로 과도한 애정을 보이는 경향이 있으며 그들은 애무를 통해 자녀의 신경증의 기질을 유발하기 쉬운 부모의 유형이라는 것이 밝혀졌다.」[34]고 한다.

사람은 敵意의 반동형성으로 인해 과도하게 좋아하는 경우가 있다.

---

**34** John Bowlby, Attachment And Loss, Volume 2, Basicbooks, A Subsidiary of Perseus Books, L.L.C., 1973
J. 보울비, 『모자관계 이론 2권 / 분리불안』, 黑田実郎, 岡田洋子, 吉田恒子 옮김, 岩崎学術出版社, 1977년, p.271

적의가 있는 부모는 자녀를 응석받이로 키우기도 하고 엄하게 대하기도 하는 경우가 있다. 일관성의 결여라고 할 수 있다. 그래서 응석받이로 키우는 것처럼 보일 때가 적의의 반동형성이며 과잉보상이다.

이 사건을 보게 되면 부친의 끔찍한 자식사랑은 「과도한 거짓사랑」이 랄까, 「신경증적 애정」이라고 해석하는 쪽이 맞을 듯하다. 「과도한 거짓사랑」이라는 것은 정신의학자인 반 덴 베르그의 『의심쩍은 모성애』라고 하는 저서에 나오는 표현이다. 「부친의 끔찍한 자식사랑」이라기보다는 '부친은 신경증적 성향이 강하다'고 하는 편이 더 적절할 것 같다.

「부모의 적의와 과잉보상으로 자녀를 응석받이로 키우는 것이 자녀로 하여금 적의를 품게 만든다. 자녀는 '부모가 언제 잘해 줄까, 언제는 엄하게 대할까'를 예측할 수 없게 된다. 이것이 자녀에게 적의를 품게 만든다고 봐도 이상한 게 아니다.[35]라고 미국의 정신과 의사인 카렌 호나이는 그의 저서에서 설명하고 있다.

같은 해 7월 9일 마이니치신문 조간에는 소년의 담임선생으로부터 "약 1개월 반 전에 어머니와 당사자를 번갈아가면서 개인면담을 했는데, 자기 할머니를 무척 따르는 응석꾸러기라는 인상을 받았다. 정말이지 이 사건은 돌발적인 행동으로밖에는 보이지 않는다."고 덧붙였다.

'정말이지 이 사건은 돌발적인 행동으로밖에는 보이지 않는다'는 것은 정말 터무니없는 착각으로 정작 문제는 이 사건이 완전히 계획적인 범

---

35 Karen Horney, The Neurotic Personality of Our Time, W.W.Norton & Company, 1964, p.69

반듯한 아이의 범죄심리

행이었다는 것이다. 돌발적인 행동이기는커녕 소년은 범행에 사용한 흉기를 사전에 치밀하게 준비하였고 친구에게 살인을 도와달라고 부탁까지 했다. 실제로 친구는 새벽 4시에 찾아왔지만 무서워서 집으로 돌아갔다고 한다. 실은 소년이 수개월 전부터 친구 몇 명에게 "부모를 죽이겠다."며 말하며 다녔다고 한다. 그래서 식칼로 아버지를 37회, 어머니를 72회, 할머니를 56회 마구 찔렀다. 찔러 죽인 이후에도 계속해서 상대를 찔렀다는 것이다. 이것은 마음에 엄청난 증오심이 쌓여 있었음을 단적으로 보여 준다고 할 수 있다.

# 과격 테러리스트도
# 어릴 적에는 '착한 아이'였다

공포의 테러리스트, 오사마 빈 라덴도 한때는 '착한 아이'였다고 한다.

또한 알카에다 멤버들도 어릴 적에는 반듯한 아이들이었다고들 한다. 그들은 단지 자신이 처한 상황에 대한 판단이 되지 않았다. 주변을 내다보지 못했다. 어찌됐었든 복종하는 것밖에는 달리 할 도리가 없었던 것이다.

2001년 9월 11일 뉴욕 무역센터 건물에 비행기로 충돌테러를 실행한 행동대원인 모하마드 아타 또한 한때는 착실한 함부르크 공과대학생이었다.

같은 해 11월 26일자 아사히신문 조간에 따르면 그 사건 이후 함부르크 공과대학은 13일 오후 1시 반에 긴급회의를 소집했다고 한다. 교직원, 학생, 시 관계자 등 약 천 명이 모인 대회의가 열렸다. 아타와 관련자들에 대한 정보를 꺼내 놓으며 모인 사람들의 입에서 나오는 것은 "도저

반듯한 아이의 범죄심리

히 믿을 수 없다."였다. 그중에서도 가장 큰 충격을 받은 사람은 바로 아타의 지도교수였던 디트마 마프레(당시 61세)였다. "정말 그 친군가요? 그렇게 착실하고 우수한 학생이… 제가 알고 있는 그 학생은 좀처럼 남의 눈에 띄지 않았고 성실하고 정직했던 학생이었습니다."

교내에서도 아타에 대해선 부정적인 평판이 하나도 없었다. '품행이 방정하고 머리가 좋으며 예의가 바르고 남의 눈에 띄지는 않으나 의욕적인 우등생으로…'

'연구실 문이 열려 있지만 교수와 눈이 마주칠 때까지 밖에서 기다린다. 어떨 때는 10분 정도 밖에서 기다리고 있을 때도 있었다. 여성과는 악수도 하지 않았다. 다른 교수나 학생들 사이에서도 「위험한 징후」라고 생각한 사람은 단 한 명도 없었다.[36]

테러리스트의 무의식에 과연 죽음에 대한 동경이 있는 것은 아닐까? 아마도 사는 것이 고통스럽다고 하는 괴로움과 죽음에 대한 바람이 마음 깊고 깊은 곳에 도사리고 있었음에 틀림이 없다고 생각한다.

그 무의식의 바람에 가면을 덮어씌운 것이 바로 오사마 빈 라덴이 내세운 「정의」였을 것이다. '미국을 도저히 용서할 수 없다'는 정의의 가면을 쓰고 무의식의 바람에 마음이 움직이게 되는 것처럼 그 역시 죽음을 택했던 것이 아닐까?

그들 또한 반듯하게 보였지만 어떻게 살아야 좋은지 알 수 없었음에

---

36  2001년 11월 27일자 아사히신문 조간

틀림없다. 촉각을 잃어버린 꿀벌은 어디로 날아가야 좋을지 알지 못한다. 바로 그 점이 '반듯한' 테러리스트들을 만들었던 게 아닐까 생각한다.

반듯했다곤 하지만 사람들과 마음을 잘 나눌 수 없다. 그런 점에서 「은둔형 외톨이」의 젊은이들과 유사하다. 「사회성」이라고도 표현할 수 있지 않을까 싶지만 그들에겐 그것이 전혀 갖춰져 있지 못하다.

알카에다 멤버가 2003년부터 2004년에 걸쳐 일본에 잠입하여 니가타 시내에 잠복한 적이 있었다. 리오넬 듀몬이 용의자였다. 그를 아는 사람은 '지나치게 고지식한, 술도 담배도 하지 않고 여자도 사귀지 않는 경건한 이슬람교도', '자신의 인생의 것은 없었다'고 한다.

불안했던 그들은 확실한 무엇인가를 얻고자 했을 것이다. 마음속에 그 불안을 막아 줄 보루가 없었던 그들은 무언가 확실한 것에 매달리지 않으면 살아갈 수 없었을 것이다.

반듯한 아이의 범죄심리

# 과격한 활동의 심층심리
## – 근친상간적 충동은

이 책에서 수차례 언급한 사회심리학자 에리히 프롬은 자신의 저서에서 이렇게 말한다.

"어떤 아이에게도 근친상간적 충동은 발견된다고 하는 프로이드의 개념은 전적으로 맞다. 하지만 이 개념이 지닌 의미는 프로이드의 가설 이상의 것이 있다. 근친상간적 바람은 근본적으로는 성적욕구의 결과가 아니라 인간에 내재되어 있는 가장 기본적인 성향의 하나를 구성하고 있다고 할 수 있다."[37]

이 근친상간적 충동에 대해 프롬이 말하고 있는 것은 다시 말해 「어머니다움」을 향한 충동이다. 그래서 만약 「어머니다움」을 향한 충동을 어머니가 만족시켜 주지 못할 때 자녀는 성인이 되어도 어떠한 형태로든

---

[37] 에리히 프롬, 『惡에 대하여』 鈴木重吉 옮김, 紀伊國屋書店, 1965년, p.141

그것을 채우려 한다.

그래서 이러한 성향의 젊은이가 스스로 사회적으로 하나의 인간으로 성장할 때, 최대의 장애가 된다. 같은 책 속에서 프롬은 이렇게도 얘기한다.

"어머니와 같은 사람이나 그와 등가치에 있는 사람(혈연, 가족, 종족)과 결합하려고 하는 경향은 모든 남녀에 내재되어 있다. 그것은 정반대의 경향(출생, 전진, 성장)과 끊임없이 갈등한다.[38]

어떤 사람은 어떤 파괴적인 사교(邪敎)집단에 들어가 극단적일 만큼 반듯한 신자가 될지 모르며 어떤 사람은 극단적인 애국주의자가 될지 모르고 또 다른 어떤 사람은 어떤 사상을 배타적으로 믿고 다른 사상을 공격하는 자가 될지 모르며 또한 어떤 사람은 자신의 선조를 숭배하여 자신의 혈통에 심취하게 될지 모를 일이다.

그들은 그러한 가운데 모친에 의해 채워지지 않았던 「어머니다움」 다시 말해 확실한 것에 대한 바람을 충족하려 하고 있는 것이다. 사교집단에서 신자의 에너지, 정치적 과격주의자의 정치활동에서의 에너지, 테러리스트의 에너지, 이러한 것들은 어머니다움을 향한 고착된 에너지라고 할 수 있다.

그렇기 때문에 그 에너지는 그야말로 무시무시하다. 그래서 그 에너지는 다른 어떤 생산적인 일로 옮겨 가는 것이 어렵게 된다. 어디까지나

---

**38** 前揭書, p.141

반듯한 아이의 범죄심리

유아기에 충족되지 않은 모친고착의 에너지이기 때문에 전향적인 에너지로 사용될 수 없다.

그것은 그저 자신의 심리적인 안전을 추구하는 에너지로 다른 사람을 사랑하는 에너지가 아니다. 자기집착의 에너지로 타인의 행복을 위해 일하는 에너지가 아니다.

예를 들면 굉장히 쪼잔한 사람이 돈을 엄청 갖게 되면 자신의 자동차나 옷을 사는 데는 돈을 쓰지만 다른 사람을 위해서는 쓰지 않는다. 그와 마찬가지다. 모친고착의 에너지는 설령 그것이 아무리 굉장하다고 해도 생산적인 일에 사용되기는 매우 어렵다.

그것을 생산적인 에너지에게로 방향을 전환시키는 것이 진정한 리더의 역할이라고 할 수 있다. 모친고착의 욕구가 있는 사람은 자기 스스로 자신을 알 수 없다. 그들을 보고 있노라면 모두가 같은 인간이 되어 가는 경우가 많으며 개성이랄까, 개인의 독자성이랄까, 그들로부터는 이러한 것들을 느낄 수 없다.

또한 위험한 것은 이 근친상간적 고착이 「합리화」되는 것이다. 합리화라고 하는 것은 자신에게 있어 상황이 나쁘다는 것을 인정하고 싶지 않은 현실을 실제와 다른 이유를 들어 정당화하는 마음의 작용을 말한다.

그러므로 이러한 부류의 사람은 자신이 이전에 좌절했던 것을 깨닫지 못한다. 대표적인 것이 진리를 구한다고 하면서 반사회적 행동을 합리화하는 사교(邪敎)집단의 신자나, 평화라는 명분으로 자신들의 행동을 합리화하는 과격한 정치집단의 사람들이라고 할 수 있다.

# 제3장

# 「온순한 사람」이 어째서 사람을 죽이는가

# 나가사키 남아 유괴살인사건

2003년 7월 9일 나가사키현에서 중학교 1학년 학생인 12세의 소년이 4세의 유치원생을 알몸으로 주차장 건물 위에서 떨어뜨려 숨지게 하는 사건이 일어났다.

여느 때처럼 마찬가지로 남학생은 온순하고 조용한 성격. 사건 발생 후에도 학교에서는 특별히 달라진 모습은 보이지 않았고 하루도 빠지지 않고 등교했다고 한다. 성적은 학급에서 톱클래스… 그렇게 외아들, 부모 세 사람이 함께 살았다.

같은 아파트에 사는 주부는 가해자인 그 소년에 대해 '한 1, 2년쯤 전에 엘리베이터에서 같이 타고 있을 때 장래 희망에 대해 묻자 요리사라고 답하고 씨익 웃는 걸 봤다'고 했고 또 다른 주부는 '온순한 느낌이 드는 아이였다. 벤치 주변을 서성거리는 걸 자주 보았지만 다른 사람에게 해를 가할 정도로 보이지는 않았다'며 믿을 수 없다는 반응을 보였다. 같은 학년을 아이로 둔 엄마는 "용모도 단정하고 결코 비행을 저지를 아이처럼 보이지 않았다. 인사성도 좋은 아이였다."고 한다.[39]

이 나가사키사건도 여느 때와 마찬가지로 '인사성도 좋은 아이'라거나, '얌전한 분위기'나 '성적이 우수한 아이' 이러한 표현들이 적지 않게 등장한다.

'성적은 학급에서 톱클래스. 1학기 기말시험에서 5개 과목 500점 만점에 465점을 얻었다'[40]고 하는 것으로 보아 분명히 머리가 좋은 뛰어난 학생이었을 것이다.

또한 이러한 종류의 사건이 일어났을 때, 신문에는 '늘 생글생글 웃었는데도…'라는 대목이 나온다. 그러나 무슨 말을 해야 할지를 몰라 씨익 웃는 경우가 있다고 하는 점이다. 대화가 되지 않기 때문에 씨익 웃어넘긴다. 생글생글 웃으면서도 속으론 딴 생각을 하는 것이다. 따라서 단지 생글생글 웃는 아이가 살인사건을 일으켰다고 하는 것은 그리 이상한 일이라고 볼 수 없다.

---

**39** 2003년 7월 10일 니시니혼신문 조간
**40** 2003년 7월 10일 니시니혼신문 조간

반듯한 아이의 범죄심리

# 識者의 견해에도 문제가 있을 수 있다

내가 한 가지 문제라고 느꼈던 것은 이러한 사건이 일어나면 곧잘 등장하는 것이 '누구라도 이러한 일을 저지를 가능성이 있다'고 하는 식자(識者)의 견해다.

이 사건에 대해서도 어느 정신과 의사는 "유소년기의 특이한 체험에 기인한 것일 수도 있겠지만 교우관계를 쌓지 못한 아이들이 늘어나는 요즘, 누구라도 그러한 행동으로 치달을 위험성은 있다."고 언급하고 있다.[41]

여기서 '누구라도'라고 말하고 있지만, 모성애를 지닌 엄마로부터 제대로 양육을 받은 아이가 이러한 사건을 일으키는 일은 있을 수 없다. 이 정신과 의사가 말한 것처럼 '누구라도 그러한 행동으로 치달을 위험성이

---

41 2003년 7월 14일 서일본신문 조간

있다'고 하는 견해는 자녀양육에 있어 부모역할의 중요성을 무시하는 위험한 사고방식이라 할 수 있다. '누구라도'라고 하는 것에 의해 자녀에 대한 부모의 역할과 관심의 중요성을 간과하고 있다고 볼 수 있는 것이다.

자녀에게 영향을 끼치는 것은 부모의 행동이 아니라 바로 부모의 무의식이다.

나가사키 사건의 범인인 12세의 소년은 "엄마가 무지 좋아."라며 늘 말했다고 한다. 하지만 엄마를 무척 좋아했던 아이가 이런 사건을 일으켰을 리 만무하다. 그럼 어째서 그 아이는 "엄마가 무지 좋다."고 한 것일까?

나가사키 가정법원에서 열린 재판에 즈음하여 이 소년에 대한 전문가 집단에 의한 2개월간의 정신감정을 실시했다. 그 결과, 소년의 성향적 특징으로 '모친을 이상하게도 두려워한다'는 점이 밝혀졌다. 자녀가 오랫동안 스트레스에 노출되어 살아왔다는 점은 무서운 결과를 초래한다. 소년은 어머니에 대한 공포의 반동형성으로 '엄마가 무지 좋아'라고 말하며 다녔을 것이다.

소년의 이러한 발언에 대해선 내가 TV보도를 봤을 때의 기억에 의한 것이다. 나의 해석으로는 이 사건을 일으키기 이전에 그는 엄마를 싫어했고 엄마를 증오했던 것으로 보인다. 하지만 이 사건에서 소년은 엄마에 대한 증오심이 표출된 나머지 소년의 마음속에 본래 엄마의 모습을 찾는 마음이 표면화되어 온 것이다. 그 결과, '엄마가 무지 좋아'라고 말한 것이 아닐까 생각한다.

　　　　　　　　　　　　　　　반듯한 아이의 범죄심리

# 「服從」과 「敵意」는 연결되어 있다

이처럼 인간은 때때로 같은 대상에 모순된 감정을 품는다. '좋아하지만 싫다'고 하는 감정도 일어날 수 있다. 양가감정이다. 매달리고 싶어하는 상대에게 적의를 지니게 되는 경우도 있다. '보육시설로 올 때 집에서 아끼는 장난감을 갖고 왔다. 처음 3일간 아이는 그것을 꽉 움켜쥐고 좀처럼 손에서 놓으려고 하지 않았다. 그러나 이후에는 장난감에 대한 아이의 태도에 변화가 생겼다. 다시 말해 그들은 장난감에 연연해하기도 했지만 그것을 아무데나 던져버리는 일도 있었다. 한 예를 들자면 어떤 여자아이는 마치 엄마고양이가 새끼고양이에게 하듯이 인형을 입 가까이에서 갖고 놀다가도 "이젠 싫어!"라고 하며 인형을 내던지곤 한다'[42]

아이한테는 딱 달라붙어 떨어지지 않으려는 마음도 있고 화가 나서

---

**42**  J. 보울비, 『모자관계이론 2권/분리불안』, 쿠로다 實郞, 岡田洋子, 吉田恒子 옮김, 岩崎學術出版社, 1977년, pp.11~12

인형을 내던지는 마음 또한 있는 것이 사실이다. 인형을 몹시 사랑스럽게 여겨 입 가까이에 달고 다니는 마음도 사실이고 '이젠 싫어.' 하며 인형을 내던지는 마음 또한 사실이다.

그러나 이 두 가지 마음은 서로 모순된다. 사랑과 증오의 감정이 양립하는 「애증병존」의 상태를 지속하지 못하고 한쪽을 자신의 의식으로부터 추방시키는 경우가 있다. 다시 말해 「억압」이다. 참기 어려운 현실에 대한 심리적 방어로서 어떤 감정을 자신의 의식으로부터 무의식으로 쫓아내 버린다. 이런 마음의 움직임을 「억압」이라고 부른다.

부모로부터 애정을 구하고 있다. 또한 다른 한편으로는 부모를 미워하고 있다. 어느 쪽도 모두 실제 자신의 마음이다. 하지만 어린 아이는 이런 모순을 견뎌 내기 어렵다. 애정을 구하고 있는 대상을 미워할 수는 없다. 거기서 한쪽에 있는 증오의 감정을 무의식으로 밀어내며 억압하게 된다.

그러나 증오의 감정이 배출구를 찾지 못하게 되면 애정을 구하는 마음이 여과 없이 그대로 표현된다. 거기까지 억압받는다는 느낌이 표면화되어 왔다고 해도 결코 이상한 일이 아니다.

상대가 필요하기 때문에 상대의 맘에 들고자 자신의 욕구를 희생한다. 분리불안이 있기 때문에 독립에 대한 바람을 억압한다. '상대의 맘에 들지 않으면 어쩌지?' 하면서 하고 싶은 것, 말하고 싶은 것들을 차례차례 옥죄어 간다. 그 결과, 상대가 모르게 증오심과 적의를 품게 되는 것이다. 「복종과 적의」는 프롬이 말한 대로 분리하기 어렵게 연결되어 있

반듯한 아이의 범죄심리

다. 미국의 임상심리학자인 「REBT」[43]의 창시자 앨버트 엘리스 역시 '타인에게 아부하는 것'과 '타인을 싫어하는 것'과는 관계가 깊다고 말하고 있다.

---

**43** REBT(Rational Emotive Behavior Therapy, 합리적 정서행동치료)

# 「피터팬 신드롬」

모순되는 마음 때문에 아파하는 것은 비단 아이들만이 아니다. 청년들도 마찬가지다. 「피터팬 증후군(Peter Pan Syndrome)」이란 책을 저술한 미국의 심리학자 댄 카일리는 '젊은이는 어머니로부터의 영향을 벗어나려고 하지만, 죄악의 감정을 느끼게 된다'고 한다.

어머니로부터 벗어나곤 싶지만 심리적으로는 여전히 매여 있다. 연인을 좋아하지만, 동시에 얄밉다. 화가 났다고 생각했는데 갑자기 차분해지면서 사과하는 사람도 있다. 어느 쪽 할 것 없이 둘 다 본심일 것이다. 본심 바로 그것이 모순되고 있다.

젊은 사람이 가정 내에서 불쾌함, 답답해하는 원인도 억압에 의한 것이라고 할 수 있다. 무겁게 아무 얘기도 하지 않는 청년의 마음속에는 독립에 대한 바람과 의존에 대한 욕구가 충돌하게 된다. 그때 독립에 대한 바람을 부모가 방해하고 있다고 청년은 느끼게 된다. 거기서 부모에게

반듯한 아이의 범죄심리

적의를 품게 되지만 아직 심리적으로 부모에 의존하고 있기 때문에 그 증오의 감정을 표현할 수 없다. 하지만 실제 부모가 독립에 대한 바람을 방해하는 것이 아니라 자신의 의존감이 오히려 방해하는 경우가 많다.

청년은 부모와 관계가 없는 자신만의 혼자의 세계를 갖고 싶다는 바람을 지닌다. 거기서 부모에게 속하고 싶지 않다. 부모와 상관없는 세계를 원한다. 그것이 바로 부모로부터 독립을 원하는 마음이다. 그러나 그것을 현실에서 실행하는 심리적 능력이나 경제적 능력이 결여되어 있기 때문에 거기서 부모가 관여되는 것을 허용할 수밖에 없게 된다. 허용하긴 하지만 재미가 없다. 그것이 불쾌함으로 옮겨 간다.

이것은 부모자식뿐만이 아니라 연인이나 배우자에 대해서도 있을 수 있는 억압의 형태라고 할 수 있다. 의존감이 강한 경우 이러한 억압은 언제든지 일어나게 되어 있다.

성인이 되는 성숙을 거부하고 언제까지나 아이처럼 되려고 하는 「피터팬 신드롬」의 청년은 새로운 친구를 중요하게 대한다. 여자를 잘 꼬시는 돈 팡은 차례로 새로운 연인을 쫓아다닌다. 이윽고 그 친구나 연인이 자신과 가깝게 되고 자신에게 필요한 사람이 되는 동시에 자신에게 자유로운 세계를 방해하는 존재가 된다. 하지만 상대는 자신의 응석 어린 기대대로 움직여 주지 않는다. 그 결과 상대에 대해 적의를 품게 되고 그것을 의식하지 못한 채 자신의 무의식에 몰아넣게 된다. 결국 억압이 일어나게 되는 것이다.

피터팬 신드롬의 젊은이도, 돈 팡도, 그 억압의 결과 그런 사람이라고 하는 느낌이 자신을 매우 괴롭힌다. 그래서 자신의 제멋대로의 삶을 방해하지 않는 새로운 연인이나 친구 뒤로 피하려고 한다. 이러한 패턴을 반복하게 되는 것이다. 결국 그들은 혼자 살지 못하는 게 버릇처럼 되었지만 타인이 자신의 삶에 깊게 관여하는 것 역시 싫어한다. 타인이 자신에게 가깝게 되고 친근하게 되면 동시에 싫어지게 되기 때문에 언제까지나 진정한 친구나 연인을 가질 수 없다.

사람은 사는 것이 고통스럽게 되면 현실로부터 도피하고 싶어진다. 심리적으로 약해지면 약해질수록 현실로부터 등을 돌리게 된다. 그래서 자신의 마음에 점점 부담으로 다가오게 된다. 부담감은 자신을 비틀어 옥죄어 오고 이는 무기력으로 이어진다. 그래서 늘 다른 사람의 비판이 두렵게 되어간다.

사람은 어느 누구라도 피하고 싶다고 피할 수 있는 게 아니다. 도저히 어쩔 수 없을 그때 피하게 된다. 그래서 한번 피한 것을 기억하게 되면 간단히 그 방법을 사용해 버리게 된다. 머지않아 정신이 들었을 때는 자신 앞에 크나큰 '청구서'로 부풀어 올라 있는 걸 보게 된다. 그러고 나선 그 크나큰 청구서 때문에 더욱더 괴로워하게 된다.

반듯한 아이의 범죄심리

# 의학적 병명으로
# 결론을 내리는 것은 위험하다

　지금까지 예로 들은 사건들의 경우, 사건이 발생하면 곧잘 여러 가지 병명이 나오곤 한다. 나가사키 남아 유괴살인사건에서는 「아스퍼거 증후군」. 이것은 1944년 오스트리아 소아과 의사인 한스 아스퍼거에 의해 처음으로 보고된 것으로 지적장애가 없는 자폐증을 가리킨다.

　하지만 나는 이 나가사키 사건과 아스퍼거 증후군은 직접적으로 어떠한 관계도 없다고 본다. 내가 어느 자리에서 이 사건에 대해 이야기했을 때 어떤 사람이 "선생님은 아스퍼거 증후군에 대해 알지 못하신가 보군요. 이 사건의 원인은 아스퍼거 증후군입니다."라고 자신 있게 말하는 것을 본 적이 있다. 분명히 이 사건에서 가해자가 된 12세의 소년은 아스퍼거 증후군으로 보인다. 하지만 그것이 이 사건의 직접적인 원인은 아니었다. 그러면 "어째서 이런 사건이 일어난 것일까?"라고 의문을 제기할 경우 이러한 의학적 병명을 먼저 들고 나오는 것은 위험하다는 것이다. 하나의 병명이 나타내는 현상으로 무언가를 명확하게 설명할 수 있을 것 같은 분위기로 흘러가고 만다.

사실 이 사건에서 아스퍼거 증후군은 어떠한 설명도 하지 못하고 있다는 점을 간과하고 있다. 가령 어떤 사건을 키가 작은 12세의 소년이 일으켰다고 했을 때 '그 사건의 원인은 키가 작다는 것이다'라며 주장하는 것이라고나 할까?

앞에서 언급한 17세의 소년에 의한 2000년 아이치현 주부살해사건에서도 마찬가지다. 내가 또 다른 어떤 자리에서 그 사건에 대해 '반듯한 아이'에 대한 설명을 하고 있었을 때에도 어떤 사람이 "그 주부살해사건의 원인은 아스퍼거 증후군이 아닌가요?" 하고 물어 왔다. 이런 사람들의 사고방식은 결국 다음과 같다고 할 수 있다. '이러한 사건을 일으킨 사람'은 불량소년이다. 만약 불량소년이 아니었다면 어떤 '병' 때문임에 틀림없다고 보는 사고방식이다. 상식적으로는 이러한 사고방식이 오히려 납득하기 쉬울 것이다. 하지만 이와 같이 개인의 '마음'을 무시한 채 병명에서 원인을 찾으려고 하는 접근방식은 매우 위험하다는 점을 강조하고 싶다.

반듯한 아이의 범죄심리

# 「얌전함」과 스트레스는 동전의 양면이다

나가사키 사건의 원인은 가해자인 소년의 부모, 그 부모의 불화, 마음과 마음의 접촉이 없는 가정교육이라고 할 수 있다. 그 결과, 소년의 마음의 밑바닥에는 증오의 감정이 쌓이게 되었고 게다가 그러한 감정이 억압된 결과로 나타났다고 보는 것이 타당하다.

그 소년이 그때그때 증오의 감정을 처리할 수 있는 비억제형의 소년이었더라면 이러한 사건으로까지는 발전되지 않았을 것이다. 이렇듯 소년은 주변으로부터 '참으로 얌전한 성격'의 아이로 비쳐지고 있었다. 언행이 얌전하면 주위에서 그를 '얌전한 아이'라고 착각할 수 있다. 그러나 언행이 얌전해도 '얌전한 마음'의 소유자라고는 단언할 수 없다. 상당수 정반대의 경우가 많기 때문이다.

나가사키 가정법원은 소년이 범행에 영향을 끼친 직접적인 배경을 '중학교에 진학하고 나서 환경이 급격하게 변한 점', '부모의 불화가 계속되어 심리적 부담이 컸다는 점' 등을 들었다.

내가 여기서 강조하고 싶은 것은 '그 소년의 얌전한 성격'이라고 하는 것이 '그 얌전한 소년'의 마음 밑바닥에 굉장한 스트레스가 있었다고 하는 점이다. '얌전함'과 '스트레스'는 동전의 양면이기 때문이다.

그렇기 때문에 '얌전한 성격의 남학생'이 이러한 문제를 일으켰다고 해도 조금도 이상하지 않다고 할 수 있다. 그것은 앞에서 언급한 것처럼 '반듯한 성격의 남학생'이 문제를 일으켰다고 해도 조금도 이상하지 않은 것과 같은 이치다.

이 부모는 소년에 대해 '엄한 가정교육'을 시켜 왔다곤 하지만 그 엄한 가정교육을 통해 '자신들의 마음의 갈등을 해결하려고 했다'고 해도 지나치지 않다.

이 부모를 비난하고 싶은 생각은 조금도 없다. 이 부모에게도 그들 자신의 부모가 존재했기 때문이다. 이 부모가 특별히 원해서 이러한 사건을 일으킨 소년을 키운 것은 아니다. 나는 사회적 사건을 이해하려고 할 때 단지 인간의 '마음'을 무시해서는 그 어떠한 진실도 이해될 수 없음을 강조하고 싶을 따름이다.

반듯한 아이의 범죄심리

# 「얌전한 아이」의 복수심

    2001년 5월 12일 17세의 소녀가 오카야마현의 자신이 사는 집에 방화를 하고 어머니와 숙모를 잇달아 살해하는 사건이 일어났다.

    "말수가 적고 얌전한 느낌이 들었지만 표정은 언제나 밝고 늘 변함없이 인사도 곧잘 하던 아이였다."고 근처에 사는 남성은 말했다.[44]

    이 사건에서도 마찬가지로 '인사를 곧잘 하던 착한 아이가 어째서?'라고 의아해할 것이다. '살인을 할 것 같은 사람은 이런저런 유형의 사람이다'라고 하는 고정된 이미지가 우리 안에 존재하기 때문에 그 이미지에 일치되지 않으면 의아해한다.

    필시 이 아이는 몇 번을 만나도 인사하는 태도가 변할 리 없다. 친해지게 되면 친한 사람과 인사를 나누는 것은 당연하겠지만 반드시 그런 것

---

44  2001년 5월 13일자 아사히신문

만은 아닌 것 같다. "인사를 잘하는 착한 아이였는데 어쩌다…"라고 혀를 차는 사람은 실례가 되지 않기 위해 하는 인사와 소통을 위해 하는 인사를 같은 성격의 '인사'라고 생각하는 사람이다. "안녕하세요? 건강하시죠?"라고 하는 인사도, 자신이 훌륭한 학생으로 인정받고자 하는 인사 역시 같은 성격의 '인사'라고 여긴다. 표현은 "안녕하세요?" 하며 같지만 그 어조, 안색, 음성 등의 비언어적 메시지는 전혀 다르다는 것이다.

같은 해, 6월 10일 야마구치현 남자고등학교 한 학생이 직접 만든 폭탄을 교실에 던지는 사건이 벌어졌다. 역시 신문이나 TV에서는 '얌전한 학생'이라고 열심히 보도하면서 '도대체, 왜?'라는 제목의 기사를 써내려갔다.

다음 날 6월 11일 아사히신문 조간에는 이 사건을 사회면 우측 상단에 크게 8단에 걸쳐 보도했지만, 그 표제 역시 '얌전한 학생이 왜?'였다.

'얌전하다'고 하는 것에 대해선 앞서 나가사키현 남아유괴살인사건에서도 언급한 바 있다. 어째서 '얌전한 성격'의 아이가 살인사건을 일으킨 걸까? 이에 대한 해석은 여러 가지가 있을 수 있지만, 지금부터는 '얌전한 사람'과 복수심에 대해 이야기하려고 한다.

'상대의 감정을 해치는 것이 두려워서 자신의 의견을 말할 수 없는' 사람은 상대에게 순종하는 것처럼 보이지만, 사실은 '상대로부터 고맙다고 인정받고 싶은' 욕구가 강한 사람이다. 그렇기 때문에 인정받고 싶은 욕구가 충족되지 않을 경우 복수심이 발동하게 된다.

다음은 내가 도쿄도에 의뢰하여 실시한 조사결과를 인용한 내용이다.

반듯한 아이의 범죄심리

이 조사에서 '상대를 생각하여 자신의 의견을 말하지 않는다'의 문항과 상관이 있는 항목은 '성공했을 때 사람들에게 되갚아 주는 듯한 기분이 된다'의 문항이었다. 바로 여기에서 '순종'의 이면에 '요구와 공격성'이 숨어 있다는 것을 알 수 있다. '자책'과 '공격성'과는 서로 관련이 있다는 것이다.

앞장에서도 언급했듯이 '복종과 적의'는 끊을 수 없이 밀접하게 연결되어 있다는 바로 에리히 프롬의 저서『자유로부터의 도피』가운데 나오는 내용이 이 조사에서도 여실히 증명된 것이다. 프롬은 이 책에서 권위주의적 성격은 '지배와 복종'을 경험하지만, '연대'는 경험하기 어렵다고 주장한다. 나 역시 정말 그렇다고 본다.

'지배와 복종'이라고 하는 관계에 '마음'을 집어넣으면 '연대'가 된다. 여기서 프롬은 「submission」이라고 하는 용어를 사용하고 있다. 다시 말하면 복종이자 순종이다. 사전에서 「submission」을 찾아보면 '복종하는, 순종하는, 개진(제출)하는'의 의미가 포함되어 있다. 그러나 복종하는 것과 개진하는 것이 동일한 단어의 뜻 안에 포함된다는 것이 좀 이상하지 않은가? 원래 개진한다는 말속에는 자신의 의견이라는 것이 당연히 들어 있기 때문이다. 말 그대로 「submission」에서 마음이 빠지면 복종의 관계가 되지만, 마음이 들어가면 의견을 개진할 수 있는 연대의 관계가 되지 않을까 싶다.

또한, '수줍어하는 사람의 마음속에는 적의가 있다'는 사실을, 부끄러움을 잘 타는 사람에 관해 연구한 스탠포드 대학의 심리학과 교수인 짐

바르도 역시 강조하고 있다. 무의식 속에 있는 그 적의를 의식화하는 것
으로 치료가 가능하다고는 하나, 그것 또한 위의 조사에서 증명되었다
고 할 수 있다.

반듯한 아이의 범죄심리

# 상대방의 감정을 상하게 하는 것이 두려운 심리

또한 이 조사에서는 요즘 중·고등학생의 교우관계가 사회적 성격으로 볼 때「동조적 적대관계(Conformable Hostile Relationship)」인 것으로 밝혀졌다. 일반적으로 바람직한 인간관계는「대립적 친화관계(Different Intimate Relationship)」라고 할 수 있다. 적대와 대립은 다른 것이다. 대립은 반대(opposite)나 반목(antagonism)이 아니다. '상대의 감정을 상하게 하는 것이 두려워 자신의 의견을 말할 수 없는가?'라는 질문에 대해 '말할 수 있다'라고 응답한 사람이 20.2%, '말할 수 없다'라고 응답한 사람이 31.7%였다. '어느 쪽도 아니다'라고 응답한 사람이 48.1%였지만 압도적으로 많은 사람이 '교우관계를 오래 지속하고 싶다'고 응답하고 있다.

그렇다면 요즘의 젊은이들의 교제는 '친구와 함께 있는 것이 즐거운 것만 있는 건 아니지만 새로운 친구를 사귀는 것보다는 지금의 친구로 있는 게 낫다'라고 하는 쪽이 좀 더 바른 해석이 아닐까 싶다.

그런데 '다른 사람을 돕는 경우 마음속으로 감사를 요구하나요?'라는 질문과 '상대의 감정을 상하게 하는 것이 두려운 나머지 자신의 의견을 말할 수 없는가?'라는 질문과의 상관관계를 따져 보자. 그 경우 역시 둘 사이에는 서로 상관이 있다고 하는 결과가 나온다. '상대의 감정을 상하게 하는 것이 두려워 자신의 의견을 말할 수 없는' 사람이나, '어색한 것이 있을 것 같으면 내 쪽에서 참는' 사람이 흔히 말하는 온순한 사람이다.

어느 쪽이 좋은가? 자신의 의견을 말할 수 없는 사람을 어떻게 이해하면 좋은가? 그런 사람은 '주변이 온통 적'이라고 여기는 사람이다. 자신은 의식적으로 그렇지 않더라도 심리적으로는 그러한 환경에 처해 있다고 볼 수 있다.

'어색하다'고 하는 것은 내 쪽에 무언가 마음에 걸리는 것이 있을 때다. 그렇기 때문에 자신의 의견을 말하지 못하던 사람이 '성공했을 때 누군가에게 보여 줌으로써 마치 자신이 보상을 받는 것과 같은 기분이 된다'고 해도 이상할 게 못된다. 다시 말하면 '다른 사람을 도와줄 때 속으로 상대로부터 감사를 요구하는' 경향이 있는 사람은 '상대와의 관계에서 여러 가지를 참는' 경향이 있다고 할 수 있다. 그러므로 스스로 '자신의 의견을 말할 수 없는' 온순한 사람이 되어가는 것이다.

반듯한 아이의 범죄심리

# 타인에게 상처를 주는 것이 두려운 「가해공포」

이러한 사람들의 인간관계는 어떤 것일까? 그것은 '언제나 자신은 다른 사람과의 관계에서 참는 편이지만 어째서 인간관계는 그다지 좋지 않은지 모르겠다'고 말하는 데서 알 수 있다. 그 결과, '모든 사람들은 다 잘되지만, 나 혼자만 희생의 제물이 되고 있다'는 불만을 갖는다. 그러나 사실 '내 자신은 모든 것을 희생하면서 살아왔다'는 생각이 자리 잡고 있다. 자신의 무가치감을 극복하기 위해 다른 사람을 이용해 합리화하고 있는 것이다. 다른 사람으로부터 감사하다는 말을 들어야 자신의 중요성을 느끼기 때문이다.

그들은 자신이 만나는 사람에게 항상 '나에게 고맙다고 해 줘!'라며 요구한다. 그러나 타인의 입장에서 보면 그런 사람은 요구를 강요하는 것처럼 느껴진다. 그러한 사람과는 함께 있어도 하나도 즐겁지가 않다. 거기서 사람들은 하나둘씩 그를 떠난다. 하지만 그는 걸핏하면 '나는 이렇게 참고 있는데…'라며 불만을 품게 된다.

이러한 조사 결과를 보면 폴란드 철학자이자 미학자인 타타루 케비치의 책에 있는 '무언가를 희생한다고 해서 행복해지지는 않는다'는 말이 설득력을 지닌다. 다르게 표현하면 자신을 중요하게 여기지 않고서는 타인을 중요하게 여기는 것이 결코 가능하지 않다는 점을 떠올리면 이를 잘 이해할 수 있다. 결국 '자신의 의견을 분명히 말하세요'라고 하는 것은 단지 설교가 아니라 현실의 인간관계를 좋은 관계로 유지하기 위해 필요한 것이라 할 수 있다.

그렇다면 여기서 자신의 의견을 분명하게 말할 수 없는 심리가 문제가 된다.

상대의 감정을 상하게 하는 것을 지나치게 두려워하는 「가해공포」는 실제로는 자신의 마음속 밑바닥에 있는 상대에 대한 공격성을 의미한다고 할 수 있다. 「가해공포」라고 하는 것은 전에도 언급한 바와 같이 텔렌바흐가 언급한 것으로 '상대의 감정을 상하게 하는 것이 두려워 자신의 의견을 말할 수 없다'와 '성공했을 때 누군가에게 보란 듯이 되갚아 주는 기분이 든다'고 하는 2개의 문항이 서로 상관관계에 있다고 하는 점에서도 잘 알 수 있다.

'상대의 감정을 상하게 하는 것을 두려워한 나머지 자신의 의견을 말할 수 없는 사람'을 '온순한 사람'과 바꾸어 보면 온순한 사람이 지니고 있는 복수하려는 성향을 이해할 수 있다. 자신의 의견을 분명하게 말할 수 없는 심리에는 '타인이 싫어할지 모르는 공포'나 '상대에 대한 감사 요

반듯한 아이의 범죄심리

구' 등 여러 가지가 있겠으나, 그것들은 좋은 인간관계를 위해서는 전혀 의미가 없으며 '호감을 받고 싶다. 평가받고 싶다'고 하는 원래의 바람과는 반대로 오히려 역효과를 내게 된다.

'온순한가, 온순하지 않은가'라는 것보다 문제는 이러한 유의 사건을 일으키는 사람의 공감능력(empathy)의 유무다. 같은 온순함에도 머리가 좋고 성적이 우수한 아이에게도 공감능력이 없는 경우가 있고, 성적이 나빠도 공감능력이 있는 아이도 있다. 공감능력이 어떻게 해서 생겨나게 되는지는 단정하기 어렵지만 공감능력은 유아기 때부터 생겨나는데 그것을 키우기 위해서는 부모의 양육이 매우 중요하다고 할 수 있다.

심리학자 다니엘 골먼은 자신의 저서에서 다음과 같이 말한다. "힘들어하는 이들에게 주변 사람이 어떻게 반응하는지를 보며 아이의 공감능력은 형성된다. 아이는 본 것을 따라하면서 공감능력의 레퍼토리를 점점 더 넓혀 간다."[45]

---

45 Daniel Goleman, EQ, Emotional Intelligence, Bantam Books, 1995, p.99

# 「지극히 정상」으로 보이는 여자아이가 친구를 죽였다

2004년 6월 1일, 나가사키현 모 초등학교에서 11세의 여자아이가 커터칼로 동급생을 찔러 죽이는 사건이 발생했다.

가해자인 여자아이는 나가사키현 가정재판소 사세보지부로 송치되었다. 신문은 「곁에 있는 변호사 회견 요지」를 기사로 실었다. 표제는 「지극히 정상으로 보이는」이었다.[46] 같은 해 6월 5일의 마이니치신문 조간에는 대문짝만하게 「『보통 가정』의 아이」라는 표제가 붙었다. 정말이지 기자회견을 한 변호사에게도, 이러한 기사를 쓴 기자에게도 문제가 있다. 과연 「지극히 정상」인 11세의 여자아이가 동급생을 커터칼로 죽였다고 하는 것이 과연 '있을 수 있는 일인가?'라고 묻고 싶다. 결코 있을 수 없는 일이다.

---

**46** 2004년 6월 4일 산케이신문 조간

반듯한 아이의 범죄심리

그렇다면 기자는 그 회견에서 변호사에게 "당신의 말이 좀 이상하지 않나요? 당신은 11세의 지극히 정상적인 여자아이가 동급생을 커터칼로 찔러 죽였다는 사실이 있을 수 있다고 생각하나요? 당신이 무언가를 보지 못하고 놓치고 있는 것은 아닌가요?"라며 당연히 질문을 했어야 했다.

그렇다면 변호사는 무엇을 놓친 것일까? 그것은 커터칼로 찔러 죽였을 때와 변호사가 여자아이를 접견했을 때 이 아이의 '마음'이 서로 달랐다고 하는 점이다.

범행을 저지르기 전에는 증오심이 가득했다. 하지만 범행을 일단 저지르고 가슴에 쌓였던 증오의 감정을 토해 내게 되자, 이후 여자아이는 정상의 상태로 돌아왔다고 하는 점이다.

다시 말해, 변호사와 만났을 때 아이는 정상적이었다고 해도 특별히 이상한 것이 아니다. 범행을 저지르기 전의 마음과 자신이 지금 마주하고 있는 여자아이의 마음은 서로 다르다는 점을 변호사는 간과하고 만 것이다.

이렇게 해서 「지극히 정상인 여자아이」가 사건을 일으켰다고 하는 잘못된 기사로 전국의 부모들로 하여금 '댁의 자녀는 괜찮습니까?'라는 농담 반 우려 반의 유행어가 돌기도 했다.

게다가 가까운 이웃들은 이 가족에 대해 「사이좋은 가족」이라고 이구동성으로 얘기했다. 이 「사이좋은 가족」이라는 문제에 대해서는 이후에 보게 될 「16세 여자아이의 모친독살사건」에서도 언급하겠지만 이 경우

가족은 「사이좋은 가족」이 아니라 「마음이 통하지 않는 가족」이라는 표현이 더 어울릴 듯하다.

또한 여느 때처럼 집 가까이에서 놀다가 돌아올 때 "감사합니다."라고 예의 바르게 인사를 했다는 부분도 나온다. 인사에 대해 얘기하자면 상대가 자신을 싫어하지 않도록 하기 위해 "감사합니다."라고 인사하는 경우가 있는가 하면, 눈을 쳐다보면서 "아주머니, 감사합니다."라며 진정을 담아 살갑게 감사의 마음을 전하는 경우도 있다. 전자가 자기집착적인 의무감에서 나온 인사라고 한다면 후자는 실제로 감사하는 마음의 소통에서 나온 인사라고 할 수 있다.

그것은 "감사합니다."라고 말할 때의 비언어적 메시지를 놓쳐 버린 것이라고 할 수 있다. 비언어적 메시지와 언어적 메시지가 다를 때는 비언어적 메시지에 보다 더 진심이 담겨 있다고 보는 것이 타당하다고 할 수 있다.

반듯한 아이의 범죄심리

# 예의 바름은
# 타인의 마음에 들게 하는 방법

또한 '예절을 바르게 배운 아이'라는 얘기를 한다. 하지만 「예의가 바르다고 하는 것은 불안감이나 공포심으로부터 나올 수도 있다는 점을 이해하지 못하는 것이다. 상대에 대한 배려나 매너로부터 예의 바른 아이가 있는가 하면, 공포나 불안감으로부터 예의 바르게 행동하는 아이가 있다. 후자의 경우 「예의 바름」이라고 하는 질서 속에 갇힌 아이라고 할 수 있다. 그래서 예의 바르게 행동하는 한 타인의 호감을 얻을 수 있다고 생각한다.

예의 바르게 행동하는 것은 그것이 애정을 얻기 위한 방법이기 때문이다. 상대의 마음에 들게 하는 방법이기 때문이다. 아이는 아이대로 진정으로 「사랑받는 것」과 그 자리에서 무책임한 사람으로부터 「마음에 들게 하려는 것」의 차이를 모르기 때문에 착각을 하는 경우가 있다. 그 자리에서는 좋았는지 모르지만 나중에는 남는 게 없다.

프롬 라이히만은 우울증에 대해 그 특징을 「필요와 공허」라고 했다. 정말 말 그대로인 것 같다. 마음에 병이 든 '착한 아이'는 분명히 열심히 살아왔다. 그러나 나중에 남는 건 아무것도 없었다. 무책임한 사람의 '마음에 들려고 하는 것'으로는 심리적으로 얻을 수 있는 건 그 어떤 것도 없었다.

여기서 예의 바르게 행동하는 방어가 와해되었을 때, 문제의 사건을 일으킨다고 해도 결코 이상하다고 볼 수 없다. 이 경우도 사건을 일으키기 전에 비언어적 메시지가 진실을 말하고 있었지만 마음을 무시하는 사람들은 비언어적 메시지 역시 무시해 버린다.

또한 우리가 눈여겨볼 대목은 이런 유(類)의 사건에서 곧잘 등장하는 「예의 바르다」고 하는 것에 대한 해석이다. 이 역시 잠시 후에 설명할 「mindfulness(마음 챙김)」가 결여된 해석이라 할 수 있다. 「마음 챙김」이라고 하는 것은 다면적인 관점을 지니고 있다. 이 개념을 제창한 하버드 대학의 엘렌 랭거 교수는 「예의 바름」의 반대인 「예의 없음: 실례(失禮)」에 대해 다음과 같이 언급하고 있다. "당신이 솔직하게 행동했을 때, 누군가가 당신의 행동을 실례라고 비난할지도 모르겠다. 「솔직한 태도」라고 하는 것도 다른 관점에서 보면 「예의에 벗어난 행동」으로도 비쳐질 수 있다. 「예의 바르다」고 하는 것은 다른 관점에서 보면 「마음을 열지 않는」 것이 되기도 한다. 어느 쪽이 바른 해석인지는 상황에 따라 다를 것이다." 마음을 열지 않는 완고한 사람이라면 사람을 찔러 죽일 수도 있을 것이라 본다.

반듯한 아이의 범죄심리

# 「의학적 견지」 뒤에 숨어 있는 맹점

　같은 반 아이를 칼로 다치게 한 여자아이는 '주변 어른들의 눈에는 활발하고 공부도 잘하며 귀여운 아이'로 비쳐지고 있었다. 하지만 홈페이지나 SNS에서는 친구들에게 심한 말을 퍼부어 대는 완전히 다른 모습이었다.[47]

　'활발하고 공부도 잘한다'고 하는 것은 가면을 쓴 모습이었다. 무리해 가면서 '활발하고 공부도 잘하는 귀여운 아이'를 연출하려고 했던 것이다. 그렇게 무리를 하니 매일매일 마음 밑바닥에 증오의 감정이 쌓여 갔던 것이다.

　변호사는 "감정의 기복이 심한 경우가 없고 특별히 대인관계에 문제가 있어 보이지도 않는 만큼 의학적 견지에서 의견을 듣고자 한다."고

---

47  2004년 6월 5일 아사히신문 조간 사설

했다.[48]

이 변호사의 설명은 앞선 사건에서 '지극히 정상으로 보인다'고 언급한 변호사보다는 그래도 나은 편이다. '감정의 기복이 심한 경우가 없고 특별히 대인관계에 문제가 있어 보이지 않는다'는 것은 앞서 설명한 그대로다. 문제가 있어 보이지 않는다고 해도 이상한 일이 아니라는 것이다.

변호사 역시 "그래도 이상하게도 이 아이가 그러한 범행을 저질렀다는 것은 좀…"이라고 느꼈을 것이다. 거기서 '의학적 견지에서 의견이 기대된다'고 말하고 있는 것이다.

범행에 의해 일단 쌓여 있던 부정적 감정을 토해 내고 나서 범행 당시보다 정상적으로 돌아온 후에 변호사를 만났다면 나중에 그 변호사와 가해자가 만났을 때와 범행을 저질렀을 당시 가해자의 마음의 상태는 달랐다고 하는 점이 매우 중요하다.

그러나 변호사는 '의학적 견지에서 의견을 듣고 싶다'고 말한다. 그렇기 때문에 중증자폐증, 아스퍼거 증후군 등의 병명이 등장하게 된다. 이런 위험성에 대해서는 앞서서 말한 그대로다.

'이런 일을 저지를 사람'은 불량소년이거나 병이 있는 사람일 것이라는 생각이야말로 불량소년을 잘못 이해할 위험성이 있다는 것이다. 다시 말해 불량소년이라고 불리는 아이를 오해하기 쉽다는 것이다. 불량소년, 버릇없는 아이, 나쁜 아이, 폭력적인 아이, 나아가 범죄를 일으킬

---

**48** 2004년 9월 20일 니시니혼신문 조간

반듯한 아이의 범죄심리

아이와 같은 이름들이 붙여져 간다. 이 경우에도 불량소년의 마음을 제대로 보려고 하질 않는다.

이렇듯 사람에게 딱지를 붙이는 사고방식은 불량소년의 재기를 어렵게 한다. 불량소년 중에는 마음이 순수한 아이가 있을 수 있고 '문제아'라고 불리는 사람들 가운데에도 마음이 순수한 사람이 있는 법이다. 반대로 사회적으로는 '훌륭한 비즈니스맨'으로 보이는 사람이라 할지라도 교활한 사람이 있는가 하면 반듯해 보이지만 불량소년보다 훨씬 더 인간적으로 질이 좋지 않은 사람도 있는 것이다.

앞서 언급한 엘렌 랑거 교수의 주장대로 우리들은 mindfulness(마음챙김)의 상태가 될 필요가 있다. 사물을 다면적인 관점에서 볼 필요가 있다는 것이다.

'이런 일을 저지를 사람'을 불량소년으로 단정 지어 버리거나 그게 아니면 '의학적 견지의 의견을 기대'할 수밖에 없다고 하는 것은 지나치게 마음 챙김이 없는 것이라 할 수 있다.[49]

mindlessness라고 하는 것은 mindfulness의 반대되는 개념으로 오래된 영역에 매달리는 것을 말한다. 그 원인은 마음의 포로가 되는 것으로 엘렌 랑거 교수는 이 「사로잡힘」은 미묘하고 강력한 마음의 경향이라고 설명한다.

---

**49** mindlessness(마음 챙김 없음): mindfulness의 반대되는 개념으로 마음이 흐트러지고 산만하고 어떤 견해에 집착하여 '좋다' '나쁘다'라는 판단을 함으로써 지금 순간에 일어나는 경험들을 수용하지 못하는 상태를 일컫는다(네이버 상담학사전).

그 의학적 견지로부터 나온 병명을 듣고 나서 우리들은 '아하, 그러한 병이 있던 아이였구나'라며 아무 생각 없이 그 아이를 단정 지어 버린다. 그 병명이 이 사건에서 어떠한 의미인지 설명해 주지 않고 있음에도 말이다.

오래전 일이라 정확하게 기억나진 않지만, 20대 즈음에 아베 코오보오(安部公房)[50]의 책을 읽고 있으면 '사자(lion)'에 사자라는 이름을 붙이면 사자라는 동물은 변하지 않음에도 왠지 사자를 다룰 수 있을 것 같은 기분이 든다고 하는 내용이 불현듯 떠오른다. 이와 마찬가지로 아스퍼거 증후군이라고 하는 병명을 붙이게 되면 아무 생각 없이 사건을 일으킨 소년의 행동을 단정해 버리고 만다. 마치 답을 얻은 것 같은 기분이 들게 되는 것이다.

한편, 이런 유형의 사건이 일어나게 되면 자신의 자녀를 걱정하는 부모들로부터 상담을 요청받게 된다. 내가 "그리 걱정할 게 없는데요."라고 하면 그 부모들은 "그래도 선생님, 사고를 치는 아이들이 신문에서는 「정상적인 아이」라고 하잖아요? 혹은 「보통 가정의 아이」라고 하잖아요?"라고들 한다. 나는 몇몇 신문기사가 온 나라의 「보통 가정의 보통 부모들」을 불안에 빠뜨리는 것은 매우 문제가 많다고 본다.

---

50  1924~1993年, 일본의 소설가, 극작가, 연출가

반듯한 아이의 범죄심리

# 의식과 무의식의 균열

커터칼로 같은 반 아이를 찔러 죽인 11세의 여자아이는 '매우 예의 바른 아이'였고 앞장에서 언급했던 엄마, 아빠, 할머니를 살해한 사건의 소년 역시 '예의 바르고 밝은 아이'였다고 한다. 9·11 동시다발 테러로 뉴욕 무역센터 건물로 돌진한 모하메드 아타 또한 함부르크 공과대학의 '예의 바르고 눈에 띄지 않는 조용한 학생'이었다.

예의 바른 아이가 사람을 죽이는 것이 과연 가능한 것일까?

일반적으로 말하자면 예의 바른 것은 매우 바람직한 것이지만 그러나 예의 바른 사람이 반드시 다른 사람에게 호감을 주는 것은 아니다. 그것은 예의 바른 사람의 무의식의 문제라고 할 수 있다. 예의 바른 사람이 무의식에 문제를 지니고 있지 않으면 그것이야말로 정말 바람직한 일이라 할 수 있고 타인으로부터도 호감을 얻게 된다.

하버드대학 교수로 「편견」에 대해 연구한 올포트가 反유대의 여학생들에 대해 연구했을 때 그녀들은 표면적으로는 잘 적응하고 있는 것처럼 보였다. 예의 바르고 도덕적이며 부모, 친구들에게도 곧잘 잘 대하는 편이었다.

그러나 좀 더 자세히 조사해 보니 그녀들의 마음속에는 심한 불안, 부모를 향한 숨겨져 있는 증오심, 그리고 파괴적이고 잔혹한 충동이 내재되어 있음을 알게 되었다.

이 책에서 언급하고 있는 청소년들 역시 표면적으로는 예의 바르게 행동한다고 해도 마음 밑바닥에는 부모에 대한 증오심, 파괴적인 충동이 숨어 있다는 것이다.

관용적인 학생에게는 그러한 의식과 무의식의 균열이 없다고 올포트는 주장한다.

표면적으로 보이는 것은 행동으로서의 「예의 바름」이다. 마음속 깊숙한 곳에 숨어 있는 「파괴적인 충동」은 눈에 보이지 않기 마련이다. 단지 어느 정도 접촉하게 되면 그 예의 바른 사람이 마음속에 파괴적이고 잔혹한 충동을 지니고 있다는 것이 어렴풋이 감지되기도 한다. 그렇게 되면 사람들은 그 사람을 좋아할 수 없게 된다.

이러한 사건을 일으켰던 청소년들 주변에는 진정으로 그들에게 관심을 갖고 대해 주는 이가 존재하지 않는다고 해도 틀린 말이 아니다. 그러므로 그 누구도 그들의 마음속 깊숙이 숨어 있는 「파괴적인 충동」을 눈치 채지 못했던 것이다. 사건이 일어난 후에 듣게 되는 '도무지 믿을 수 없다'라고 하는 말은 결국 '나는 저 사람에게 관심이 없었다'라는 것과 다

반듯한 아이의 범죄심리

름이 없다. 그들에게는 필시 진정으로 가까운 사람이 없었을 것이다.

"부모를 향한 양가감정, 도학주의, 이분화, 명확함의 요구, 갈등의 외현화, 제도주의, 권위주의… 이런 것들의 특징은 모두 약체의 자아가 갈등에 정면으로부터 물러서지도 않고 직면하지도 않으며, 어떻게든 버텨 보려고 하는 시도로 보인다."고 올포트는 자신의 책 속에서 이야기하고 있다.[51] 참고로 「도학주의」라고 하는 것은 청결이나 좋은 매너 등을 일컫는 말이다.

올포트의 말을 빌려 그들을 설명하자면 그들의 「예의 바름」은 「약체의 자아가 갈등에 정면으로부터 물러서지도 않고 직면하지도 않으며, 어떻게든 버텨 보려고 하는 시도」라고 할 수 있다.

앞장에서 언급한 '세상에서 둘도 없을 만큼 반듯한' 아이들에게도 그들의 반듯함은 그들에게 있어 역시 「약체의 자아가 갈등에 정면으로부터 물러서지도 않고 직면하지도 않으며, 어떻게든 버텨 보려고 하는 시도」로 볼 수 있는 것이다. 결국 '세상에서 둘도 없을 만큼 반듯한 행동'이 자아가 약했던 그들에게는 마음의 지팡이였던 셈이다.

---

**51** Gordon Allport, The Nature of Prejudice, A Doubleday Anchor Book, 1958, p.374
   G. 올포트, 『편견의 심리 하권』, 原谷達夫. 野村昭共 공동번역, 培風館, 1961년, p.134

제4장

# 가짜가족의
# 심리학

# 싸우지 않는 가족

2005년 10월 31일, 시즈오카현에서 고등학교 1학년생인 16세의 여자 아이가 엄마에게 독극물 탈륨을 음료에 타서 독살하려다가 체포되었다. 신문이나 TV에서 그 사건이 보도되어 큰 화제가 되었다.

보도에서는 여느 때처럼 여자아이는 과학을 좋아하는 「반듯한 아이」 였고 「가족 간의 사이도 좋았다」는 기사를 실었다. 게다가 「집안에서는 싸움이 전혀 없었다」고도 했다.

싸움이 없었다고 하는 것을 어떻게 해석하면 좋을까? 싸움이 없었다 는 것을 가족 간의 사이가 좋았다고 해석해도 괜찮은 것일까? 「가족 간 의 사이가 좋았다」고 하는 것을 「싸움이 없었다」고 하는 하나의 기준으 로 단정 지어도 괜찮은 것일까?

하버드대학 심리학과의 엘렌 랑거 교수는 나의 친한 교수로서 공동 으로 저술한 책도 있지만, 하나의 기준만으로 사물을 분류하는 사람을

「mindlessness(마음 챙김 없음)」의 사람이라고 부르고 있다. 반대로 몇 가지의 관점에서 다면적으로 사물을 볼 수 있는 사람을 「mindfulness(마음 챙김)」의 사람으로 부르고 있다.

마음 챙김의 경우, 마음 상태의 기준이 되는 특징으로 다음 세 가지를 들 수 있다. ① 새로운 영역을 창조한다, ② 새로운 정보에 마음이 열려 있다, ③ 하나 이상의 관점에 생각이 미친다.

엘렌 랑거 교수는 나폴레옹의 러시아 침략을 예로 들어 설명한다. 나폴레옹은 모스크바 진격을 적의 영토 정복이라는 관점으로밖에는 보지 않았다는 것이다. 그러나 그와 대항해 싸웠던 쿠투조프 장군은 나폴레옹의 「침략 루트」가 러시아의 겨울이나 나폴레옹 군대가 식량보급에 필요한 거리 등을 따져 볼 때 「패배 루트」라고 생각했다. 하나의 관점에서밖에 생각지 못했던 나폴레옹의 완전한 패배였다.

우리가 사물을 바르게 이해하기 위해서는 mindfulness(마음 챙김)의 상태가 되지 않으면 안 된다. 엘렌 랑거 교수는 '인생을 원활하게 하는 mindfulness'라고 한다.

가족 간에 「싸움」이라고 하는 딱지를 붙이는 행동도 사실은 여러 가지 관점에서 해석할 수 있다. 엘렌 랑거 교수는 싸움이라고 하는 것도 mindlessness의 사람은 단지 하나의 기준으로 본다고 한다. 다시 말해 무엇인가를 놓고 말다툼을 하면 그것을 「싸움」이라고 마음속으로 치부하고 만다는 것이다. 그것이 mindlessness의 사람이다. 그 말다툼의 성질에 대해서는 주의를 기울이지 않는다.

반듯한 아이의 범죄심리

싸움을 해도 사이가 좋은 가족이 있는가 하면, 싸움을 하지 않아도 사이가 나쁜 가족도 있는 법이다. 내가 이 책에서 여러 차례 반복해서 주장하고 있는 「행동뿐만이 아니라 마음에도 주의를 기울이지 않으면 안 된다」고 하는 것은 다른 말로 표현하면 사건을 하나의 관점으로만 보아서는 바르게 판단하지 못한다는 점을 강조하기 위함이다. 새로운 정보를 전향적으로 받아들이고 다면적인 관점을 갖는 mindfulness의 상태를 지닐 것을 권하고 싶다.

## 친근함의 요소는

그런데 「이 가족은 서로 싸우지 않았다」고 얘기하지만, 사건의 상황을 생각해 보면 결코 「사이좋은 가족」은 아니다. 가족 간에 서로 분노나 유쾌하지 못한 자신의 부정적 감정을 덮어 차단함으로써 싸움을, 다시 말해 깊은 커뮤니케이션을 하려고 하지 않을 뿐이지, 그렇지 않다면 이 사건이 일어나게 된 것은 도저히 설명할 방법이 없다.

분노의 감정에 덮개를 씌움으로써 싸우지는 않는다. 그러나 서로 상대를 믿지 않는다. 형편이 좋지 않은 것은 서로 모른 척한다. 서로 부담스런 일은 얘기하지 않는다. 나이를 먹고 각자의 생활을 시작하게 되면, 무리해 가면서까지 만나려 하지 않는 가족관계가 된다. 싸우진 않지만 신뢰관계가 결여되어 있다. 마음 밑바닥에 분노를 억압한 상태로 있게 되면 활력을 잃게 되고 스트레스로 힘들어하고 우울하게 된다.

기본적인 신뢰관계가 있으면 심하게 대립하더라도 그 사람과의 관계

반듯한 아이의 범죄심리

는 무너지지 않는다. 싸움을 하더라도 거기서 끝난다. 그렇지 않다면 그것은 기본적인 신뢰관계가 없는 인간관계다. 마음 밑바닥에 분노가 억압되어 있으면 에너지를 많이 소모하게 되고 활력을 잃게 된다. 스트레스에 취약하게 되어 힘들어한다. 결국 우울하게 된다. 자신이 자신에게 의지하지 못하면 분노를 표현할 방법이 없다. 분노를 표현하지 못하면 스트레스가 자신에게 머무를 뿐이다. 스트레스가 계속 남아 있게 되면 우울하게 되어 활력을 잃게 된다. 이러한 악순환에 빠지게 되고 만다.

이러한 관계에서는 가족 내에 싸움이 없다고 해도 서로 간에 있을 수 있는 이런저런 문제가 해결되지 않은 상태로 남게 된다. 그러한 해결되지 않은 문제가 어떨 때는 엄청난 형태로 분화하게 되는 것이다.

이런 가족들은 부모도 자식도 집에 돌아오면 늘 피곤해한다. 지쳐서 귀찮아지게 되어 모든 게 하기 싫어진다. 바로 그런 관계다. 배가 고파도 함께 즐겁게 식사조차 한 적이 없다. 여기에서의 종착역은 식구 모두가 「은둔형 외톨이」가 되는 것이다. 한 사람 한 사람이 자신의 세계에 갇혀 있다. 그 대신 싸움은 하지 않는다.

이 가족이 서로 싸우지 않았다고는 하지만 과연 아내는 남편의 신발을 신어도 싫지 않은 것일까? 상대의 옷을 입는 것이 싫게 된다면 관계는 그것으로 끝이다.

싸움을 하지 않더라도 상대의 칫솔은 더럽다고 느낀다. 밥그릇을 같이 쓰려고 하지 않는다. 젓가락으로 같이 냄비를 들쑤시는 게 싫다. 그러한 관계는 「친밀한 관계」가 아니다. 연애론으로 유명한 예일대학의 슈테른베르크 교수는 저서에서 「친밀함의 요소」들을 들었는데, 첫 번째가 '그 상대와 물건을 공유할 수 있다'라는 것이다.[52]

말이 나온 김에 슈테른베르크 교수가 말한 「친밀함의 요소」의 다른 항목도 소개한다면, '상대가 행복한 것이 기쁘다', '행복을 함께 음미할 수 있다. 함께 있는 것이 기쁘다', '상대가 좋아하는 것을 존중한다. 최고와 최선의 차이를 이해한다', '힘들 때 좋아하는 사람에게 도움을 청할 수 있다', '서로 이해할 수 있다', '좋아하는 사람으로부터 감정적 지지를 받고 있다', '좋아하는 사람을 감정적으로 지지해 준다', '좋아하는 사람과 가깝게 소통한다', '그 사람이 좋다는 것을 소중하게 여긴다'.

'돈보다 그 상대와 대화를 나누는 시간이 더 가치가 있다'라는 말이 있다. 친한 사람은 돈보다 가치 있는 평온함을 가져다준다. 돈은 써 버리면 없어지지만 사랑, 친밀감은 시간이 지나면서 깊어진다. 연인과도 가족과도 친구와도 마찬가지다.

사랑하고 있다는 것을 증명하기 위해 굳이 유명 레스토랑에 갈 필요는 없다. 정말 좋아하고 친한 사람은 이용가치가 있어서 사귀는 게 아니기 때문이다.

유명하게 되어 칭찬을 받게 되는 것보다 그 사람과 함께 시간을 보내는 것이 중요하다. LA 올림픽에서 우승한 미국 여자 마라톤 선수는 "마

---

52 Sharing one's self and possessions with the loved one. Rovert J. Sterunberg, Qupidd's Arrow, Cambridge University Press, 1998, pp.6-8

반듯한 아이의 범죄심리

라톤에서 우승한 것보다 사랑하는 연인과 함께 시간을 보내는 것이 더 중요하다."고 했다. 그것이 바로 친밀감이다.

## 가족 간에 「사이가 좋다는 것」은 무엇을 말하는가

이야기를 되돌리자면 말을 거의 하지도 않고 싸움도 하지 않는 가족, 그것은 밖에서 보면 사이가 좋은 것으로 보일지도 모르겠다. 하지만 그것은 심리적으로 병들어 있는 가족인 경우가 많다. 싸움을 하게 되면 집 안에 산사태가 일어날 것 같으니까 싸움을 할 수 없다. 그렇게 애정이 없는 상태로 있는 가족도 있다.

그러한 가족의 자녀들은 밖에서 함께 식사를 한다고 해도 무엇을 먹었는지 모른다. 다들 식사하면서 너무 긴장하기 때문이다.

「싸움을 하지 않는 것이 사이좋은 가족」이라고 하는 사고방식은 「편하지 못한 게 편한 것이다」라고 하는 말과 같은 것이라고 볼 수 있다. 이것은 에너지가 없는 사람들의 말이다. 상대를 돌보지 않는다. 저쪽에서 연락이 없어도 이쪽에서 전화를 하면 된다. 이쪽에서 편하게 하면 된다. 마음이 있으면 편히 대한다. 마음이 있으면 거기에 편함이 있다.

반듯한 아이의 범죄심리

또 다른 예를 보자. 싸움을 하지 않는 어느 가족에 관한 이야기다. 그 집은 상당한 재력가의 집안으로 집에 파출부를 두기도 했다. 아이가 불평을 하는 상대는 언제나 파출부뿐이다. 엄마한테는 결코 불평을 하지 않는다. 엄마는 '아이와 사이가 좋다'고 득의양양해한다. 하지만 아이는 파출부가 일을 그만두게 되자, 하염없이 울었다고 한다.

불평을 하지 않는 것은 엄마가 「타인」이기 때문이다. 우리들은 친하지 않은 타인과는 싸우지 않는다. 이러한 가족은 싸우진 않지만 보이지 않는 마음의 벽이 있다. 집안에 보이지 않는 대립과 갈등이 있다. 어딘지 모르지만 서로에게 신경을 쓰게 된다. 그냥 서로 참고 있는 것이다.

이 가족의 인간관계는 울고 싶을 때 울 수 없는 관계다. 아이가 성장해서 가족이 여기저기 흩어져 살게 되어도 가족끼리 서로 그리운 감정도 없고 연락을 서로 취하는 경우도 거의 없다.

가족의 사이가 좋다고 하는 경우 곧잘 예로 들게 되는 것이 가족여행과 생일파티라고 할 수 있다.

그중에는 몸 상태가 좋지 않은 아이를 데리고 여기저기 다니면서 자기 혼자서 득의양양해하면서 '난 세상에서 최고의 아빠야'라며 자기도취에 빠진 아빠가 있다. '가족여행은 어쨌든 좋은 거야.' 이렇게 되면 아이가 함께 가고 싶은지, 가고 싶지 않은지를 생각하지 않는다. 정작 가고 싶지 않은 아이를 무리해서 데리고 다닌다는 것에 부모는 생각이 미치질 못한다.

실은 부모 자신이 가족여행을 하고 싶어 할 뿐이다. 아이는 여행이 내키지 않는다. 대체로 가족여행을 좋아하는 아빠들은 심리적으로 미숙한 경우가 많다. 자신이 자기 부모와의 관계에서 채우려고 하는 애정욕구를 아이와의 관계에서 채우려고 하는 것이다.

원래 자신의 부모에게 구해야 될 것을 자신의 아이에게 구하고 있다. 앞에도 설명했지만 보울비가 말한 「부모자녀의 역할 역전」이다. 부모가 아이에게 어리광을 부린다. 이 경우 부모 자신이 애정결핍을 채우기 위한 가족여행이 되는 것이다.

사건이 일어났을 때, '사이좋은 가족이, 왜?'라고 신문에서 기사로 써 내려 가는 것은 눈에 보이는 행동에만 마음을 빼앗겨 가족여행에 자녀를 데리고 헤매고 다니는 부모의 '감춰진 진짜 동기'에는 주의를 기울이지 않기 때문이다.

최고의 아빠와 최악의 아빠는 「하는 행동」이 같다. 다시 말하면 표면상으로 보이는 행동은 같다는 얘기다. 최악의 아빠는 자신의 애정욕구를 채우기 위해 가족여행을 떠난다. 반면, 최고의 아빠는 아이를 생각해서 아이가 원하는 가족여행을 떠난다. 최악의 아빠는 가족으로부터 「끊임없는 칭찬」을 구하며 집에 일찍 들어온다. 최고의 아빠는 정말 자녀를 생각해서 집에 일찍 귀가한다.

또 한 가지 전형적인 것은 생일파티에서다. "저 집은 가족끼리 사이가 좋아서 그런지 다들 생일파티를 곧잘 열곤 한다."고 얘기하지만, 내가 알고 있는 사례 중에는 일 년에 한번 생일파티를 한다고 하면서 열이 나는 아이를 억지로 해변에 데리고 가서 바비큐 파티를 했던 가족이 있었다.

반듯한 아이의 범죄심리

아이는 바다에 가는 걸 원치 않았고 그저 침대에서 쉬고 싶었다.

친밀함은 마음이다. 무언가를 꼭 해 줘야 하는 것이 아니다. 나는 문제를 일으킨 아이들의 엄마들을 만날 수 있는 기회가 많은데, 그럴 때 대부분은 아이의 마음을 생각하는 경우가 흔치 않다. 예를 들면 "우리 집에선 가족끼리 아이들의 생일파티를 곧잘 하고 있답니다."라고는 하지만, 거기에 '여태까지 힘내서 잘 살아 주었구나. 축하한다'고 하는 마음을 느낄 수 없다. '이제 많이 컸구나. 축하해'라고 하는 느낌이야말로 진정한 소통이라 할 수 있으며 그러한 느낌이 있어야지만 가족이 서로 가까워지는 것이다.

# 중요한 것은 「행동」인가, 「마음」인가

일찍이 베스트셀러가 되었던 『매디슨 카운티의 다리』라고 하는 연애 소설이 있었다. 주인공인 프란체스카는 「외형」을 중시하는 아내였다. 좋아하는 사람이 있지만, 가족을 위해 이혼하지 않는다. 결혼했으면 아이들에게 책임을 다해야 한다고 생각한다. 아이와 마음을 서로 통하는 게 부모의 진정한 책임이지만, 싫어하는 남편과도 이혼하지 않는 것이 부모의 책임이라고 여기며 산다.

한마디로 말해 화목하지 않은 가족의 케이스에서는 엄마가 자녀와 마음의 소통이 없는 경우가 많다. '아이를 위해 이것만큼은 한다'고 하는 부모의 말을 들어보면 전부 「행동」에 관한 것이다.

자녀와 가족여행을 간다고 해도 그건 어디까지나 가족여행이라고 하는 경험에 지나지 않는다. 그 경험에 따르는 진정한 마음의 소통이 없으면 의미가 없다. 모두가 간만에 스스럼없이 즐겁게 왁작복작 떠들어 대

반듯한 아이의 범죄심리

는가? 그렇지 않으면 마치 큰 은혜라도 베푸는 듯이 생색내려고 하는 아버지를 두려워하여 '우리 집은 정말 끝내줘요'라고 감사의 말을 술술 하는가? 감사의 말은 있지만 마음이 없다. 여행 중에 릴렉스하면서 마음으로부터 즐거워하는가? 아니면 긴장해서 예의 바르게 행동하는가? 문제는 마음 상태의 차이다.

자녀의 일로 힘들어하며 상담을 하려는 부모의 대부분은 "이것도 해주었고 저것도 다 해 줬다."고 하는 말을 끝도 없이 입에 달곤 한다. 비싼 수업료를 지불해 가면서 학원에도 다니게 해 줬다. 좋은 운동화도 사 줬다. 갖고 싶은 장난감도 전부 사서 갖다 바쳤다. 이렇게 고급 레스토랑에도 데리고 다닌다.

이런 경우 그때 자녀가 '이런 표정으로 이런 말을 했다. 이렇게 웃는 얼굴을 보이곤 했다. 이런 웃는 얼굴을 하면서 즐거워했다. 이런 모습을 하면서 뛰어다녔다.' 등과 같이 자신의 행동에 대한 언급은 있지만 정작 자녀의 마음에 대한 설명은 없다. 말하는 것들은 전부 '이렇게 일해서 이렇게 좋은 학교에 보내주었다'고 하는 「자신이 해 준 것」에 관한 것들이다. 그러나 아이가 어떠할 때 쓸쓸해할까라는 것들에는 좀처럼 관심을 보이지 않았기에 아이의 마음을 알 수가 없다.

자녀를 위해 자신의 인생을 바치면서도 자녀의 일로 고민하는 부모는 아이가 쓸쓸해할 때 그 아이의 이야기를 잠자코 고개를 끄덕이며 들어준 적이 없다.

자녀와 소통하려는 마음만 있다면 부모가 쓰러질 정도로 일해서 비싼 스웨터를 사 줘야 할 필요가 없다. 고급진 레스토랑에 데리고 가서 비싼 음식을 사 줘야 할 필요도 없다. 비록 부족한 월급이지만 '이번 달은 이 정도 스웨터밖에는 못 사 줘'라고 해도 모두가 값싼 스웨터밖에 사지 못하는 것을 오히려 즐거움으로 여긴다. 그럴 수만 있다면 그런 편이 자녀에게는 더욱 기쁨이 된다.

군이 고급 레스토랑에 가지 않아도 아이들은 착실하게 성장해 간다. "와, 오늘 새우는 이렇게 커요!"라며 그다지 비싸지 않은 식당에서 가족이 함께 즐겁게 식사하는 것이 바로 '사이가 좋은 가족'이다. '언제나 그 애는 이런 장난감을 좋아하지.' 그렇게 생각하며 여러 군데의 장난감 가게를 찾아다니는 것이 바로 자녀의 마음을 챙기는 부모다. 그런 마음이 있으면 군이 지칠 때까지 죽어라고 일해서 비싼 장난감을 아이에게 사 주지 않아도 자녀는 착실하게 성장해 간다.

　　　　　　　　　　　　　반듯한 아이의 범죄심리

# 친근한 관계는 무엇인가

자녀의 일로 고민이 되어 상담하러 온 부모가 '예전엔 그 아이가 건강했다'고 하는 말도 같은 이치다. 마음을 이해하지 못하는 부모는 아이의 겉으로 드러난 화려함만을 본다. 겉으로 보이는 화려함과 대조적으로 뒤에 숨어 있는 아이의 쓸쓸함에는 생각이 미치질 못한다.

내가 정신분석학을 공부하기 시작할 무렵, 「감춰진 진짜 동기」라고 하는 말을 접하고 '바로 이런 것이 아닐까?'라는 생각을 한 적이 있다.

범죄사건뿐만 아니라 일상생활에서 자녀를 대할 때도 자녀의 행동 뒤에 있는 「숨겨진 진짜 목적」이나 「감춰진 진짜 동기」를 이해하는 것이 매우 중요하다. 친해서 싸움을 하지 않는 경우와 친하고 싶지 않아서 싸움을 하지 않는 경우가 있기 때문이다.

'싸운 적이 없다'라고 하는 것은 진정한 친구라고 할 수 없다. 익숙해지고 가까워지게 되면 반드시 서로에 대해 불만이 터져 나오게 된다. 하지만 그 트러블을 해결하게 됨으로써 둘은 더욱더 친해지게 되는 것이다.

제멋대로 행동하는 것을 용인하는 관계가 부모-자식의 관계다. 그래서 그것은 상하관계. 인간의 근원적인 관계는 상하관계라고 할 수 있다. 부모-자식이 서로 싸우게 될 때는 쨍그랑 소리가 같이 찾아온다. 동생이 부모에게 "형만 이뻐해 주고…ㅠㅠ"라고 말할 수 있는 경우는 부자 관계가 꽤 양호하다고 볼 수 있다. 그런 말을 하지 못하는 관계라면 서로 간에 무의식적으로 짜증 혹은 불편한 감정이 있다고 볼 수 있다.

싸움을 하지 않는 것은 로봇과 로봇 간의 관계다. 「나와 너」라는 관계가 없다는 것은 듣기 좋으라고 하는 소리다. 이들은 서로 싫어지게 되는 것이 두렵다. 이상하게 취급받는 것이 두렵다. 이런 경우, 자신이 상대에게 맞출 것인지, 상대가 자신에게 맞출 것인지 하는 관계밖에 존재하지 않는다.

예를 들어 맛있는 레스토랑에 가게 되었다고 하자. 상대에게 "먹곤 싶지만 돈이 없어."라고 솔직하게 말할 수 있는 것이 친한 관계다. "바빠서 못 갈 것 같아."라며 핑계를 대는 것은 친하지도 않고 싸우지도 않는 그런 관계다.

피곤할 때 "조금 쉰 후에 하자."라고 말할 수 있는 상대가 친한 사람이다. 피곤할 때를 생각해 휴식처를 만들어 주는 사람이 친한 사람이다. 대인공포증이 있는 사람은 주변이 모두 적(敵)이기 때문에 휴식처도 없고 도움을 청할 곳도 없다. 그렇기 때문에 친한 사람이 곁에 없는 것이다.

반듯한 아이의 범죄심리

상대의 이야기에 관심이 없을 때, 관심이 없다는 얼굴을 하며 듣고 있으면 그것은 친숙함의 표현이다. 그것이 '사이가 좋다'고 하는 것이다. 다투지 않는 가족 간의 사이는 백화점에 진열된 마네킹이 늘어선 모습과도 같다고 할 수 있다. 모두 예쁘다곤 하지만 어느 것이 좋은지 「고를 수 없다」.

친하다고 하는 것은 가령 그 사람이 세상에서 최고가 아니어도 「자신에게 있어서는 그 사람이 좋다」고 하는 것이다. 친한 사람이 되면 「마음」이 생겨나게 된다. 세상의 기준과는 별개로 자신의 기준이 생겼기 때문이다. 친해지게 되면 마음이 생겨난다. 친한 사람이 없다고 하는 것은 타인을 모두 로봇과 같이 여기는 것이다.

생선을 통째로 먹는 사람이 있었다. 주변에선 다들 크게 웃었다. 같은 생선을 먹어도 마음 밑바닥에 적의(敵意)가 있으면 웃지 않는다. 자신이 있는 사람은 곧잘 웃는다. 감정을 드러낸다. 그래서 감정을 드러내는 것이 친하게 되는 요건이다. 자신 있는 사람은 다른 사람과 친하게 된다.

느낀 바를 있는 그대로 표현하지 못하고 자신을 드러내지 못하며 싫어도 싫다고 할 수 없다. 그것은 비록 다투지 않더라도 친한 관계라고 할 수 없다. 반면, 설령 싫다고 해도 버림받지 않는다. 아닌 것을 아니라고 해도 관계는 끊어지지 않으며 그런 불안이 없다. 그러한 심리적 관계를 「친숙함」이라고 한다.

'옆집 아주머니는 정말 요리를 잘해. 난 옆집 아주머니가 좋아.' 이것이야말로 자기 엄마의 입장에선 울컥하고 화가 치밀 수 있는 말이다. 하지만 이런 말을 할 수 있는 부모-자식의 관계가 좋은 관계라고 할 수 있다.

또한 어느 사이좋은 가족의 할아버지와 손자의 얘기다. 손자가 "할아버지하고 테니스 치는 거 이젠 싫어."라고 하자, 할아버지는 손자에게 "불평하지 말고 빨리 하지 않을래?"라고 해서 웃음을 주었다. 본심을 말해도 서로 상처받지 않는다. 그것은 상대가 자신을 깎아내려도 여전히 자신을 좋아한다고 생각하기 때문이다. 어떠한 거리낌도 없이 자유롭게 아웅다웅하며 다툴 수 있을 때, 서로 간에 마음이 통하게 된다.

반듯한 아이의 범죄심리

# 친근함과 감정표현

애당초 감정을 표현하지 않는다고 해서 마음에 맺힌 감정 자체가 지워지는 것은 아니다. 분노, 원한, 적의, 불만 등은 시간과 함께 사라져 없어지는 게 아니기 때문이다.

오히려 그러한 사람의 분노나 적의, 원한 등의 감정은 그것을 바로 표현해 버리는 사람보다도 더 그 뿌리가 깊게 된다. 다른 사람과 좀처럼 친해지지 않는 사람을 보고 있노라면 자신의 감정을 표현하지 못한 상태에 있다는 것을 알게 된다. 그렇기 때문에 감정은 발산되지 않고 쌓여 간다. 감정을 표현한다곤 하지만 그다지 대단하거나 특별한 게 없다. "이게 맛있네요", "저건 먹고 싶지 않아", "그런 태도는 잘못 됐어" 등등…

앞에서도 언급했지만, 어째서 자신의 감정을 솔직하게 표현하지 못하는가? 그것은 바로 상대를 두려워하기 때문이다. 좀 더 다르게 말하면 상대를 신뢰하지 못하기 때문이다. 상대의 호의를 잃게 될까 봐 자신의 감정을 표현하지 못한다. 다시 말하면 상대의 호의를 믿지 않는 것이다.

감정을 표현하지 못하는 사람은 상대가 자신을 신뢰하지 않는다고 느낀다. 상대의 호의를 신뢰한다면 말하고 싶은 것을 말할 수 있으며, 또한 그것을 솔직하게 표현할 수 있는 것이 진정한 마음의 소통이다.

마음이 통하지 않기 때문에 자신의 감정을 솔직하게 상대에게 표현할 수 없다. 혹은 상대에 대한 신뢰감이 없기 때문에 말하고 싶은 것이 있어도 말하지 못한다.

신경증적 성향이 강한 사람에게 싫어하는 사람이란 싸움을 하는 대상이다. 하지만 사람에겐 감정이 있기 때문에 좋아하는 사람이라 할지라도 다투게 마련이다. 다투었기 때문에 그 사람과는 이제 끝이라고 생각하는 것은 잘못된 생각이다. 사람은 좋아하는 사람에 대해서도 분노의 감정을 가질 때가 있으며 그러한 점을 이해할 수 있는 관계가 서로 소통하는 관계다.

좋아하기 때문에 화를 내지 않는다고 생각한다면 안심하고 함께 살 수 없다. 오히려 서로를 신뢰하기 때문에 화를 내어도 용서가 된다. 상대가 하는 행동에 화가 치밀어 성을 낸 적도 있지만 그것은 결코 상대와 헤어지기를 원하는 게 아니다. 그것이 바로 서로 통하는 관계라는 것을 보여 준다.

연인, 동료, 부모자식의 관계에서 서로 분노의 감정으로 부딪힐 때도 있지만, 감정의 충돌이 관계를 무너뜨리지 않는 신뢰관계야말로 「친한」 관계라고 할 수 있다. 그것이 허용되기 때문에 그야말로 함께 있는 것이

반듯한 아이의 범죄심리

즐거운 것이다. 그러한 것이 허용되는 게 마음이 서로 통하는 것이다. 그러한 관계야말로 상대와 함께 살면서 「있는 그대로의 자신」으로 살아 갈 수 있는 것이다.

# 「감정」과 「마음」은 다르다

자녀는 선의와 애정과 정의를 신뢰하며 인생을 시작한다. 정의라고 하는 것은 약자를 지켜주는 것이다. '갓난아기는 엄마의 유방과, 추울 때 바로 따뜻하게 해 주고 아플 때는 곧바로 달래 주는 엄마의 태도를 신뢰한다.'[53]고 프롬은 말한다. 프롬이 말한 이 신뢰감이란 부모나 조부모, 가까운 모든 사람을 신뢰하는 마음이기도 하다.

이것은 아동에 대한 연구자로 널리 알려진 심리학자 보울비의 말에 따르면 「애착 대상인물의 유효성을 신뢰하고 있다」는 것이다. 애착인물이라고 하는 것은 친한 사람 즉, '저 사람은 내가 곤란해지면 언제든지 날 도와줄 거야'라고 생각하는 대상이다. 이러한 신뢰감이 있으면 자녀는 부모로부터 심하게 혼이 나도 부모를 원망하지 않는다. 차가운 행동

---

53 에리히 프롬, 『악에 대하여』, 鈴木重吉 옮김, 紀伊國屋書店, 1965년, p.26

뒤에도 무언가가 있지 않을까 생각한다.

신뢰감의 파탄이라고 하는 최초의 더없이 중대한 체험은 유년기에 일어나는 경우가 많다고 프롬은 말한다. 이 주변인에 대한 신뢰감이야말로 이른바 「마음」이라고 할 수 있다. 이것은 감정하고는 다르다.

심리적으로 성장 가능한 사람은 마이너스 감정을 표현하더라도 자신은 상대로부터 버림받지 않을 것이라는 안도감이 있다. 그 안도감의 뿌리야말로 그 사람이 심리적으로 성장할 수 있도록 한다. 이러한 안도감이랄까, 신뢰감이랄까 이런 것들이 사람의 마음을 성장하게 한다. 여기서 말하는 「마음」은 그때그때 달라지는 감정과는 다르다.

그때그때의 감정은 플러스 감정도 있지만 마이너스 감정도 있다. 가까운 사람과 다툰 뒤 그 사람을 미워할 때도 있고 험담을 늘어놓을 때도 있다. 좋아하는 사람에게 적의를 품을 때도 있다.

하지만 그 상대의 면전에서 욕을 하게 되는 경우에도 상대와의 관계가 이걸로 끝난다고는 생각하지 않는다. 그래서 그 결과, 결국 서로 간에 관계와 이해가 깊어지게 된다. 마이너스 감정은 일단 표현되거나 하면서서히 잊혀져 간다. 시간이 지나 거기에 남아 있게 되는 것은 바로 「마음」이다. 마이너스 감정이 서로의 관계를 종료시키진 않는다.

그러나 싸움으로 인해 헤어지는 경우가 있다. 다툰 것으로 인해 관계가 끝나는 경우도 있다. 그래서 다른 사람과의 다툼이 모든 관계의 단절을 의미하게 될 때 그 사람은 언제나 마이너스 감정을 표현하는 것을 참는다는 것이다. 그렇기 때문에 언제나 불만으로 인해 긴장한 상태에 있게 된다. 그런 사람에게는 소위 「마음」이란 것이 없다. 있는 것은 오직 감정뿐이다.

'서로 간에 감정을 맞부딪친다'라는 표현이 있다. 이것은 일반적으로 서로 간에 마이너스 감정을 맞부딪친다는 것을 의미한다. 「마음」이 있으면 서로 쿨해지기 때문에 관계는 끝나지 않는다. 다시 말해 감정만으로 다른 사람과 연결되어 있는 관계는 깨지기 쉽다. 서로 간에 「호감」이라는 감정만으로 연결되어 있을 때에는 대립하고, 다투고, 미워하게 되면 그것으로 관계는 끝나 버린다.

대립을 두려워하는 것은 그 사람이 싫기 때문이다. 그 사람이 좋다면 대립을 두려워하지 않는다. 그 사람이 무섭다고 할 때는 마음 한구석에 그 사람에 대해 싫은 게 있다는 것이다. 좋아하는 경우에는 두려워하는 것이 아니라 존경하게 된다.

자신이 상대를 싫어하기 때문에 상대와의 관계가 끊어질 것 같은 기분이 든다. 부모로부터 버림받을 수 있다는 불안을 가진 아이는 부모를 싫어한다는 것을 의미한다. 부모도 자녀도 서로를 그다지 좋아하지 않는다.

이스트테네시주립대학의 사회학 교수인 브라이언 G. 길마틴은 10년 이상을 걸쳐 수줍음을 잘 타는 사람에 대한 조사를 해 왔다. 거기서 『샤이맨 신드롬(The Shy-Man Syndrome)』이라고 하는 저서를 출판했다.

이 책에 의하면 수줍음을 타지 않는 사람은 백 퍼센트 「잘 웃는 사람」이라고 한다. 성인 중 수줍음을 타는 사람은 잘 웃는 사람 가운데 단지

반듯한 아이의 범죄심리

6%밖에 되지 않았다.

수줍음을 타지 않는 사람의 19%만이 「자신의 감정을 표현하기 어려운」 것으로 나타났다. 성인 가운데 수줍음을 타는 사람의 경우 실제로 93%의 사람이 「자신의 감정을 표현하기 어렵다」고 답했다.

친근함이란 차곡차곡 쌓여지는 것이다. 다투느냐, 다투지 않느냐 하는 드러난 기준으로 알 수 있는 것이 아니다. 그런 의미에서 친근함이란 어떤 특별한 게 아니라 그저 함께 하는 시간일지 모른다. 1989년에 실시한 세계 청소년 의식조사에서 휴일을 보내는 유형에 대해 조사를 해 보았다. 「가족과 함께 시간을 보낸다」가 다섯 번째에도 들지 않는 나라는 일본뿐이었다. 미국은 59.8%가 쉬는 날은 가족과 함께 보낸다고 답하고 있다. 세계 각국은 대체로 그 정도의 수준이었다. 일본은 미국에 비해 이혼율은 낮지만 가족과 함께 시간을 보내는 것은 매우 부족하다는 것이다. 이전에도 언급했지만 「무엇에 살아가는 보람을 느끼는가?」라는 질문에 대해 「가족과 함께 있을 때」라고 답한 것은 일본의 경우 21.3%로 세계에서 가장 낮다. 미국은 77.8%이었다. 일본인에게 있어 「다투지 않는 사이좋은 가족」이란 도대체 무엇을 의미하는 걸까?

# 「무슨 일이 있어도 평화를」의 오류

미국에 『인티밋 에너미(Intimate Enemy)』라는 책이 있다. 이 책 속에는 「가드하우스 매리지(guardhouse marriage)」라는 말이 나온다. 부부 사이에 친밀감이 없이 결혼생활을 하는 부부를 일컫는 말이다.

왜 가드하우스라고 하냐면 포커페이스(poker face)처럼 카드 게임을 할 때 서로 자신의 속의 감정을 보여서는 안 되기 때문이다. 자신에게 좋은 패가 들어왔다고 싱글벙글한다면 상대에게 자신의 패를 읽히기 십상이다. 그래서 들뜬 감정은 드러내지 않으려고 하면서 「이제 끝났다」고 생각하면서도 그것을 얼굴에 드러내지 않으려고 노력한다.

『인티밋 에너미』의 저자는 「어떤 희생을 치르더라도 평화를」이라고 하는 비둘기형의 온건한 태도가 잘못되었다고 말한다. 또한 전에 언급했던 「피터팬 신드롬」의 댄 카일리 역시 그러한 태도 때문에 우울증을 겪게 되는 여성이 있다고 언급하고 있다.

반듯한 아이의 범죄심리

부부도, 연인도, 가족도, 친구도 다툰 일로 인한 여러 가지 오해를 풀어 가지만, 「무슨 일이 있어도 평화를」이라고 하는 비둘기형 부부나 거기에 속하는 사람들 대부분은 상대를 제대로 이해하지 못하거나, 완전히 정반대로 이해하는 경우가 많다.

　어찌됐건 「다툰 적이 없다」는 것을 「가족은 사이가 좋았다」고 하는 증거라 생각한다면 정말 착각이다. 16세의 여자아이가 엄마를 독극물인 탈륨을 삼키게 하여 독살하려고 한 혐의로 체포되었다. 이번에도 가족은 「우린 싸운 적이 없어요」라고 했다. 그 정도로 새삼스런 일이 아니다.

# 애정이 지나쳐 살인을 하게 되는 걸까

2000년 5월 5일 치바현에서 아들의 가정폭력으로 괴로워하던 끝에 부모가 자식을 살해하는 사건이 일어났다. 방에서 자고 있던 고교 1학년 아들을 부모가 비닐로 된 끈으로 목 졸라 살해했다.

1년 전 여름부터 소년의 가정폭력이 시작되어 집안에서 금속 방망이를 휘두르는가 하면 창문 유리를 깨는 등의 난동을 부린 것 같다. 엄마는 소년의 난폭한 모습을 보며 '언젠가 가족들이 금속 방망이로 맞게 될지도 모른다'는 두려움이 생기기 시작했고 「버스 납치 사건과 같이 세상을 놀라게 할 범죄를 일으킬지도 모른다는 불안에 휩싸이게 되었다」고 한다.[54]

피해자인 소년은 농구부에 들어가 중학교 2학년 때까지 학급 내 간부

---

54  2000년 6월 10일자 아사히신문

반듯한 아이의 범죄심리

를 맡았지만 3학년 때부터 생활태도가 갑자기 변했다고 한다. 가정폭력이 시작된 것 또한 이 무렵이다.

그런데 이 사건을 보도한 『선데이 마이니치』 2000년 12월 31일호의 기사의 제목은 「지나친 엄마의 사랑」. 이것은 어느 정신과 의사가 이 사건에 대해 「엄마의 사랑이 지나친 나머지」라고 해설한 것에서 붙여진 것으로 보인다.

「지나친 엄마의 사랑」이란 어떤 것을 말하는가? 그것은 익애(溺愛)[55]라고 할 수 있다. 익애하는 사람이란 나중에 설명할 「호의적 사디스트」다. 전에 중학교 2학년 남학생이 집에서 엄마, 아빠, 할머니를 독살한 사건에 대해서도 언급했지만, 거기서 설명한 바 있는 「코본노오(子煩惱)」[56] 역시 마찬가지라 할 수 있다.

부모들로부터 살해된 이 소년은 중학교 3학년 때 「갑자기 변했다」고 한다. 그 전에 소년은 어떻게든 훌륭한 사람이 되어 보려고 했을 것이다. 훌륭한 사람이 되려면 틀림없이 부모로부터 인정을 받아야 한다고 생각했으리라. 하지만 제아무리 훌륭한 소년으로 행동하려고 해도 그 아이의 유아적 원망(願望)은 채워지지 않았던 것으로 보인다. 그렇게 애를 쓰는 사이, 농구부에 들어가게 됐고 학급 간부를 맡게 된 것은 그에게는 상당한 스트레스로 다가왔다고 해도 지나치지 않았다.

집에서 금속 방망이를 휘두르거나, 창문유리를 깨는 등의 행동을 보

---

55  흠뻑 빠져 지나치게 사랑하거나 귀여워함(표준국어대사전)
56  자식을 끔찍이 사랑하고 아낌; 또는 그런 사람

인 것은 바로「도와줘!!」라고 하는 소년의 마음속에서 외치는 절규의 표현일 것이다.

홀륭한 사람이나 점잖은 사람의 마음속에 자리 잡고 있는 상당한 스트레스를 주변 사람들은 여간해선 알아차리지 못한다. 엄마는 자식이 다니는 유치원의 임원으로 근무했다고 하니 이 엄마 역시 보기에 따라선「홀륭한 사람」이라 평가받을 만하다. 하지만 이러한 홀륭함, 반듯함의 이면에 숨어 있는 유아적 원망을 감추고 지냈으리라. 아마도 함께 사는 것이 고통스러웠으리라.

이러한 사람을「착한 사람」이라고 하기 때문에 이상한 결과로 받아들이게 되는 것이다. 사태를 제대로 이해할 수 없게 된다. 이런 유형의 사건이 일어나게 되면「그렇게 착한 사람이 어째서 그런 일을 저질렀을까?」라고 하는 의문이 생기게 되고 신문은「깊어 가는 수수께끼」,「도대체, 왜??」라고 하는 유(類)의 제목을 붙이고 기사를 써내려 가게 된다.

그러나 정확히 말한다면,「착한 사람」이 아니라「신경증적 성향이 강한 사람」이라고 해야 할 것이다.

「착한 사람」이라고 하지 않고「신경증적 성향이 강한 사람」이라고 한다면「어째서?」가 아니라「과연 그러니까…」라고 하게 될 것이다. 행동으로 판단하지 않고 마음으로 보면 사태를 정확하게 파악할 수 있다.

반듯한 아이의 범죄심리

# 「호의적 사디즘」의 함정

우리들은 「반듯함」이랄까, 「예의 바름」을 높게 평가하는 것처럼 「사랑한다」는 것 또한 최고의 가치로 여긴다. 하지만 경우에 따라선 사랑하는 것처럼 보여도 사랑하는 것이 아니라 상대를 「지배」하려고 하는 경우가 있다. 프롬은 그것을 「호의적 지배」, 혹은 「호의적 사디즘」이라고 부른다.

'사랑이라고 하는 가면을 쓴 호의적 지배 역시 흔한 사디즘의 한 형태라고 할 수 있다. 호의적 사디스트는 자신이 소유한 것들이 부(富)하게 되고, 강력하게 되며, 성공하는 것을 바라지만, 그가 온 힘을 다해 저지하려고 하는 한 가지가 있다. 그것은 그의 소유물이 자유와 독립을 획득하여 더 이상 자신의 소유물이 아닌 것으로 되는 것이다. [57]

---

57 Erich Fromm, Man for Himself, Fawcett World Library, Inc., 1967
E. Fromm, 『인간의 자유』, 谷口隆之 도움, 早坂泰次郎 번역, 創元新社, 1965년, pp.131~132

어떤 행동은 언뜻 보기엔 사랑하고 있는 것처럼 보여도 실은 사랑하고 있지 않는 경우가 있다. 그것은 상대를 지배하기 위한 하나의 행위였다. 본인도 자신이 하고 있는 것을 깨닫지 못한다. 그래서 어떻게 하기가 쉽지 않다.

처음에도 언급했다시피 사람에게는 의식되는 동기와 의식되지 않는 동기가 있다. 문제를 일으키는 것은 대부분 의식되지 않는 동기다.

엄마가 호의적 사디스트인 경우, 다음과 같은 말을 입에 달고 산다. "너만 행복하다면 나는 그것으로 괜찮아!" 이 말에 숨겨진 메시지는 나는 너에게 「무엇, 무엇을 해 주었다」고 하는 것이다. 그래서 「너는 나에게 무엇을 해 줄 건데?」라는 것이다.

이는 무의식적으로 자녀와 흥정을 하는 것이다. 무의식적으로 자녀를 묶어 놓으려 하는 것이다.

너만 행복하다면 그것으로 괜찮아. 이것은 언뜻 보면 비이기주의적이라고 할 수 있다. 하지만 그렇게 말하는 자신은 신경증(神經症)자이다. 이런 말들은 자녀를 속박하고 일정한 태도를 강요하고 자녀의 에너지를 뺏는다. 자녀의 살아 있는 피를 빨아먹는 행위이다. 표면적으로 볼 때는 전혀 나쁘다고 할 수 없지만 그렇게 말하면서도 타인을 자기 마음대로 농락하려고 든다. 그래서 자신이 기대한 바대로 되지 않으면 실망하며 한숨을 쉰다.

다른 사람에게 무엇을 줄 경우에도 애정이나 배려에서 주는 경우가 있는가 하면, 우울-친화형의 사람처럼 「빚을 지면 못 견디는 성미 때문

반듯한 아이의 범죄심리

에 사람에게 무엇을 주는」[58] 경우도 있다. 우울-친화형의 사람은 타인에게 빚을 지고 싶지 않아 하고 결국엔 타인에 대해 조금이라도 의무 불이행을 남겨두는 것을 원하지 않는다는 자신의 강한 바람을 지니고 있다.

58  H. 텔렌바흐, 『멜랑꼴리』, 木村敏 번역, 미스즈書房, 1978년, p.124

제5장

「疑似成長」:

가짜성장한

어른들

# 「착한 아이 같은 어른」
# – 평판 좋은 경찰관이 강도로

이 장에서는 「착한 아이」가 그대로 어른이 된 듯한 사람들의 사례를 통해 「의사성장(疑似成長)」, 즉 가짜성장한 어른들의 심리에 대해 살펴보고자 한다.

1988년 어느 날 한 신문은 현직 경찰관이 대낮에 은행 강도로 돌변한 사실을 대대적으로 보도하였다. TV는 물론 라디오에서도 난리가 났다.

클럽에서 만난 필리핀 출신의 호스티스 여성으로부터 "어디서 돈 좀 갖다 줘."라는 소리를 듣고 백주대낮에 은행 강도짓을 벌였다는 것이다. 그는 아내도 있었고, 근무태도 역시 매우 성실해서 직장에서도, 지역사회에서도 평판이 좋았다.

이 반듯한 경찰관은 그 여성에게서 어머니를 향한 원망(願望), 다시 말해 그녀에게서 근친상간적 원망이 채워질 것이라 기대하며 자신의 처지를 망각하여, 그래서 그 여성에게 빠지게 되지 않았나 추정해 본다.

다시 말하지만 그의 「근무태도는 반듯」했다. 다른 사람이 싫어하는 일을 전혀 싫은 내색 없이 한다. 상사로부터도 부하로부터도 신뢰가 두텁다. 정말이지 한창 일할 때고 어느 정도 세상의 이치를 분별할 나이다. 지역사회에서도 다른 사람에게 인사성도, 매너도 좋아서 직장 바깥에서의 평판 역시 좋았다. 하지만 그의 일에 대한 열심과 성실함은 어쩌면 그의 「방어적 성격」에서 나온 것이 아닐까? 비판받지 않기 위해 자신이 하는 일에 대한 열심, 타인에게 자신에 대한 좋은 인상을 주려고 하는 반듯함, 성실함, 매너에서 나왔다고 볼 수 있다.

그의 붙임성 좋은 성격도 불안으로부터 자신을 지키기 위한 방어적 성격에서 나왔다고 볼 수 있다. 틀림없이 그것은 그의 본래 성격은 아니었을 것이다. 타인으로부터 애정을 얻기 위해, 인정받기 위해 붙임성 좋게 행동했을 것이다. 이러한 행동을 하는 한 타인으로부터 호의를 얻을 수 있다고 보는 그러한 붙임성을 말이다.

필시 이런 방어적 성격의 반듯한 경찰관이 은행 강도로 전락하기까지는 상대 여성이 근친상간적 원망을 비롯한 그의 기본적인 욕구를 일시적으로나마 채워 주었기 때문이라고 본다. 보다 정확하게 말하면 그는 그러한 자신의 원망(願望)이 그녀로부터 충족되었다고 하는 환상을 갖게 되었다고 하는 것이다. 그는 그녀와의 그러한 일시적인 관계를 자신의 마음의 갈등과 불안을 해소하는 하나의 해결책으로 보았음에 틀림없다.

이 경찰관은 실로 사는 게 괴로웠으리라는 생각이 든다. 그는 가히

반듯한 아이의 범죄심리

「착한 아이」의 성인 버전이라 할 수 있었다. 아주 오랜 시간 동안 「착한 아이」로, 반듯하게 살아왔다. 반듯하게 살아왔다곤 하지만 마음은 결코 채워지지 않았다. 주변 사람들의 입장에선 「어째서 그렇게 바보 같은 짓을 저질렀을까?」라고 할지 모르지만, 사는 게 괴로웠던 그의 입장에선 최소한 그녀와 같이 있을 때만큼은 만성적 불안, 무의식의 긴장으로부터 해방된 것이 아닐까?

그녀와 같이 있을 때는 「모성애」에 대한 원망(願望), 다시 말해 확실한 것에 대한 원망(願望)이 채워질 것 같은 착각을 갖게 되었을 것이다. 그래서 마음 밑바닥에 끈적끈적 달라붙어 있는 자기멸시, 무력감 등으로부터 해방되어, 불안에 괴로워하지 않고 살 수 있는 시간을 갖게 되지 않았을까? 그런 점에서 그는 '그녀 없이는 도저히 살 수 없게 되었는지' 모르겠다.

그에게 있어 그녀는 적어도 당시에는 「엄마처럼 보호해 주고, 양육해 주며, 여러 가지 필요한 것을 살뜰하게 챙겨 주는 든든한(?) 여자」였지 않았을까?[59]

---

**59** 에리히 프롬, 『악에 대하여』, 鈴木重吉 번역, 紀伊國屋書店, 1965년, pp.131~132

# 어머니를 향한 욕구가 채워지지 않은 상태에서의 「가짜성장」

그래서 비극의 진짜 원인은 「그의 실제 어머니가 그와 같은 어머니가 되지 못했다」고 하는 점이다. 그의 입장에선 '이러한 여성을 얻지 못하게 되면 일종의 불안감과 우울한 상태에 빠지기 쉽다'고 프롬은 말한다.

그는 원래 성실하게 근무했지만, 그 성실함 또한 「일종의 불안감과 우울한 상태」[60]로부터 필사적으로 빠져나오기 위한 몸부림이었으리라.

그는 마흔 살을 넘기기까지 「모성애」를 지닌 진짜 어머니의 사랑을 받아 본 적이 없었다. 이러한 사람은 그저 달콤한 몇 마디에 속아 넘어가기 십상이다. 어릴 적부터 「모성애」, 「확실한 것」을 체험하면서 마음속에 그러한 지주(支柱)를 지니고 사는 사람은 이토록 어리석은 일은 하지 않는다.

---

**60** 前揭書, p.132

이 「모성애」를 향한 원망(願望)이 채워지지 않았다는 것은 유아기에 응당 채워져야 할 원망(願望)이 성인이 되어도 여전히 채워지지 않았다는 것을 의미한다. 이러한 사람들은 마음이 채워지지 않은 채 「반듯함이라고 하는 옷을 입고 걸어가는 것」과도 같다고 할 수 있다. 다른 사람은 옷 말고는 볼 수 없기에 이런 사람이 훌륭하다고 여기게 되는 것이다.

매슬로우의 저서 『완전한 인간』에서 말하는 것처럼 사람이 가짜성장한 경우, 이러한 욕구는 끊임없이 무의식적인 힘으로 고착된다. 이것이 바로 「반복강박」이라고 하는 것이다.[61]

「이러한 욕구」라고 하는 것은 채워지지 않은 기본적인 욕구를 말한다.

도카이도센(東海道線)에 올라 도쿄에서 오사카로 향한 적이 있다. 가는 도중 요코하마(横浜)에서 요코하마의 사오마이를 먹으려고 했는데, 기회를 놓치고 말았다.

하지만 요코하마에서 장어요리를 먹고, 나고야에서는 기시멘을 먹었으며, 교토에서는 카이세키(懷石) 요리를 먹어 마지막에는 고급진 프랑스 요리를 먹을 수 있게 되었다. 그 정도 먹었으니 그럭저럭 만족해도 될 듯했다. 그렇지만 오사카에 도착해서 기회가 있을 때마다 요코하마에서 사오마이를 먹을 기회를 놓친 것이 자꾸 생각나 불만이 생겼다.

아무래도 요코하마의 사오마이를 먹지 않고선 그 상실감이 없어지지 않을 것 같다. 고급 프랑스 요리를 먹어도 마음속에서는 만족이 되질 않

---

61  A. H. 매슬로우, 『완전한 인간』, 上田吉一 번역, 誠信書房, 1964년, p.89

는다. 놓친 고기가 크게 느껴지듯이 상실감은 사라지지 않고 먹지 못해 아쉬움이 남은 사오마이에 사로잡혀 무엇을 먹어도 도무지 만족감이 없다.

그야말로 매슬로우가 말한 「욕구가 끊임없이 무의식적인 힘으로 고착」된 상태다. 그 욕구가 반복하고 반복해서 생기게 되고 결국 그것으로부터 지배당한다. 바로 이것이 반복강박이다.

반듯한 아이의 범죄심리

# 유아적 원망(願望)을 억압하며 살아온 경찰관

어쩌면 사건을 일으킨 경찰관은 반복하고 반복해서 마음속에서 일어나는 유아적 원망(願望)을 그때마다 매번 억압하면서 살아왔을 것이다.

신문에 쓰여 있는 대로「다른 사람이 싫어하는 일을 싫은 내색도 없이 선뜻 대신 한다. 상사로부터도 부하직원으로부터도 신뢰가 두텁다」와 다르지 않다. 하지만 다른 사람이 싫어하는 일을 대신해서 할 때에, 과연 그것이 타인에 대한 자신의「배려로부터 오는 기쁨」에 의한 선택은 아니지 않았을까?

그는 다른 사람으로부터 인정받고자 하는 원망(욕구)에서「대신해 준다」고 하는 선택을 했을 것이다. 아마도 뺀질거리는 동료로부터 이용당한 적도 많았을 것이다. 정말이지「교활함은 약함에 민감」한 법이다. 능글맞은 상사도, 부하직원도 그를 이용하려 들었을지 모른다.

그래서 싫은 일을 대신해 줄 때마다 그는 스스로 자신이 더 미덥지 않게 된다. 그래서 결국은 타인의 요구에 대해 점점 더 약해지게 된다. 바로 거기서 그가 계속해서 억압해 왔던 유아적 원망을 채워 주었던 여자의 요구가 있었던 것이다. 거절할 수가 없었다. 평소 늘 권총을 지니고 있기 때문에 순간 마(魔)가 들었는지 은행 강도로 돌변하고 말았다.

불안한 그에게는 자신을 위해 사는 것이 엄청 힘든 일이었다.

인간관계에서 단맛을 공급받는 게 중요하므로 언제나 설탕을 뿌리게 된다. 그러한 가운데 불쾌할 때도 있을 것이다. 그러나 주변 사람들로부터 수용되지 않을 것이라는 두려움으로 인해 그런 불쾌한 감정을 억눌러 없애려고 한다.

그는 주변 사람들의 호의를 얻는 것으로 자신을 지키려고 했다. 다른 사람들에 의해 자신을 지키려고 했다.

어릴 때에는 다른 사람들에 의해 자신을 지킬 수 있다. 하지만 일단 성인이 되고 나면 자신 스스로 자신을 지킨다. 비록 그는 성인이 되었어도 이러한 성격의 재구성이 이루어지지 않았다고 볼 수 있다.

반듯한 아이의 범죄심리

# 「집착성격」
## – 성실하면서 훌륭한 사람의 불만

아마도 이 경찰관은 집착성격의 소유자로 보인다. 「집착성격」이라고 하는 것은 우울증의 병전(病前)성격의 하나로, 한마디로 말하자면 「반듯한 사람」, 일을 열심히 하고 꼼꼼하며 타인의 시선이나 평가에 연연해하는 타입을 말한다.

그와 같은 집착성격의 소유자의 삶은 마치 뛰어나고 훌륭한 것처럼 보일 수 있다. 밖에서 보면 정말 훌륭하게 보인다. 하지만 본인들은 그러한 자신에 대해 결코 만족하지 못한다. 성실한 것이 좋아서 성실하게 행동하는 것이 아니기 때문이다.

정어리가 몸에 좋다고 생각해서 정어리를 먹는 사람과 실은 스테이크를 먹고 싶지만 정어리를 먹을 수밖에 없어 정어리를 먹는 사람은 똑같은 정어리를 먹는데도 만족감이 다르다. 성실하게 일을 하고 싶어 성실하게 일하는 사람과 실은 놀고 싶지만 노는 게 좋지 않기 때문에 성실하게 일하는 사람은 마찬가지 성실하게 일하는 것이지만 만족도가 다르다. 정어리가 건강에 좋다고 생각해서 정어리를 먹는 사람은 만족해하지만, 정어리를 먹을 수밖에 없어 하는 수 없이 정어리를 먹는 사람은 만족하지 못한다.

자신이 즐겁게 대학생활을 보내고 싶어 A대학에 들어간 사람과 A대학에 들어갈 수밖에 없어 A대학에 들어간 사람은 A대학에서의 생활의 만족도가 다르다.

성실하고 훌륭한 생활 역시 마찬가지다. 문제를 일으킨 반듯한 사람은 성실하고 훌륭하지만 불만이 있다. 아마도 이 경찰관은 어디에서도 「있는 그대로의 자신」을 표현할 수 없었으리라. 그래서 발견한 「있는 그대로의 자신」으로 살 수 있는 곳, 하지만 그곳은 자신에게 적절한 장소가 아니었던 것이다.

자기실현을 하고 있는 사람에서조차 때로는 「건강한 퇴행」[62]을 할 필요가 있다고 매슬로우는 말한다.

「건강한 퇴행」이란 자기실현을 이루었다고 하더라도 안전이라고 하는 아래의 욕구로 퇴행하는 과정이 늘 있을 수 있다는 것이다. 이러한 반듯한 경찰관이 유아적 원망으로 퇴행하는 것은 결코 잘못된 것이 아니었지만 단지, 그 사람과 장소가 적절하지 않았다는 것이다. 그는 자신이 정말 원하는 것, 다시 말해 채워지지 않았던 스스로의 유아적 원망을 그녀

---

62  A. H. 매슬로우, 『완전한 인간』, 上田吉— 번역, 誠信書房, 1964년, p.231

반듯한 아이의 범죄심리

와의 관계 속에서 깨닫게 되어 행복하다고 생각했을 것이다.

　아마도 그에게는 어릴 적 마음의 세계에서 어머니의 자리가 비어 있었으리라. 그래서 그에게는 돌아가고픈 마음의 고향이 존재하지 않았으리라.

　자녀가 심리적으로 성장하기 위해서는 「어머니라는 공간」 속에서 어머니와 오랜 시간 릴렉스하는 시간이 필요하다. 하지만 그에게는 그 시간이 빠져 있었던 것이다.

# 사회적 적응성과 정서적 적응성

어째서 「착한 아이」가 문제를 일으키는 걸까? 한마디로 말하면 「사회적 적응성」과 「정서적 적응성」이 다르기 때문이다. 사회적 적응성은 눈에 보이지만, 정서적 적응성은 눈에 보이지 않는다.

사람은 사회적으로 적응하면 정서적으로 적응하고 있다고 착각할 수 있다.

정신과 의사인 카렌 호나이는 신경증을 가진 사람 역시 가족 내에서 그리고 지역사회에서 「Normal」한 일상생활을 할 수 있다고 이야기한다.[63] 가짜성장한 사람은 정서적으로 미성숙하게 보여도 표면적인 사회생활을 통해 볼 때는 Normal하게 보일 수 있다.

매슬로우는 「일종의 가짜성장은 사람이 충족하지 못한 기본적 욕구

---

**63** Karen Horney, Neurosis and Human Growth, W.W.Norton & Company, 1950, p.40

반듯한 아이의 범죄심리

가, 실제로 충족되어 있는지 아니면 충족되어 있지 않는지 스스로 확인하려고 할 때, 일반적으로 알 수 있게 된다」[64]고 한다.

어쨌든 요코하마의 사오마이를 먹을 기회를 놓친 것은 매우 큰 의미를 갖게 되었다. 그러니 무엇을 해도 진정한 만족이 있을 리 없다. 하긴 사오마이를 먹을 기회를 놓친 것을 알아차리지 못하는 사람도 많다. 무엇을 해도 만족감을 얻을 수 없는 이유를 알 수 없기에 그 사람은 괴롭다. 은행 강도를 한 경찰관과 같이 유아적 원망이 채워지지 않은 채 성인이 된 사람에게 사오마이는 바로 그의 어머니다. 가짜성장한 사람은 그 어머니를 알지 못하는 것으로부터 오는 상실감으로 인해 괴로워한다.

가짜성장한 사람은 정말 자신의 의지로 자신이 원하는 무언가를 해본 적이 없다. 불안감에 질질 끌려다니며 결국은 그렇고 그런 인생을 살게 되고 만다. 가짜성장한 사람은 자신이 무엇을 위해 살고 있는지를 알지 못한다. 소진 증후군인 사람과 마찬가지다.

---

64　前揭書, p.89

# 집단자살자들의 심리

1986년, 「眞理友教會」라고 하는 집단의 여성 일곱 명이 와카야마시에 있는 해변에서 집단으로 분신자살을 한 사건이 있었다. 자살의 이유는 병으로 죽은 교주의 뒤를 따라간다는 것이었다. 이 여성 신도들은 공동 생활을 해 오고 있었다. 신문에 의하면 「바른 삶의 길을 가고 마음을 깨끗하게 하는 것, 구원을 사후 천국에서 구하는 것 등등…」 그러한 종교집단으로 보인다.

욕망을 갖고 있다는 것은 홀로 자립함을 의미한다. 아마도 집단자살을 한 여성들은 홀로 자립하는 것이 두려웠으리라. 그녀들은 「깨끗한 몸」으로 살고 싶어 했다. 이것은 어떤 의미일까? 그것은 육체적으로 나이를 먹더라도 어린 여자아이에서 성숙한 여인으로 심리적인 성장을 하기 어렵다는 것을 의미한다. 사망한 여성의 대부분은 「교주의 수족이 되어 가르침을 전했다. 몸도 마음도 깨끗한 상태로 바쳐지고 싶다」며 미혼인 상태로 지냈다고 한다.[65] 어느 신자의 모친에 따르면 집단자살한 여성들은 그들이 따르는 「신의 신부」라고 하여, 곧잘 「결혼하지 않고 선생님 옆에 언제나 살고 싶다」고 얘기하곤 했다고 한다.

이들은 성(性)에 관심이 없는 사람들만을 불러 모아 평안을 구했다고 한다. 이는 마치 폭주족이 자신과 같은 동료들이 있는 집단에서 안정을 취하려는 심리와 같다고 할 수 있다. 죽은 여성의 모친은 "진리를 위해 섬김으로 천국에 간 것이니 본인에게는 오랜 숙원을 이룬 것이죠. 달리 할 말이 없어요."라고 했다.

제2장에서 언급했지만, 미국에서 집단자살한 '헤븐즈 게이트'라고 하는 컬트(cult)집단[66]에서든지, 이러한 사람들에게서든지 모두가 「천국에 간다」고 말한다. 하지만 그것은 이 세상에서 살 수 없게 되었을 때의 구실에 지나지 않는다. 막다른 곳으로 몰린 자신의 인생을 합리화하려는 것일 뿐이다.

자살하는 사람은 주변 사람을 모두 싫어하는 대상으로 여긴다. 싫어한다면 그냥 「네가 싫어」라고 말하면 되지만, 그러면서도 동시에 호감 받으려 한다. 싫은 상대가 되지 않으려고 한다. 훌륭한 사람으로 여겨지고 싶기 때문이다. 그래서 「네가 싫어」라고 하지 못한다. 그렇기 때문에 「국민을 위해, 진리를 위해, 신을 위해」를 내세우는 것이다.

집단자살을 한 이 여성들은 분명히 인격의 재구성이 불가능했으리라.

---

**65** 1986년 11월 1일 아사히신문 석간
**66** 사이비 종교 집단

사람에게는 각자 인생의 발달단계에서 각기 해결해야 할 과제가 놓인다. 예를 들면 사춘기에는 접하게 되는 세상의 변화에 따라 자신의 내면의 심리상태도 변하지 않으면 안 된다. 이때 인격의 재구성이 필요하게 되는 것이다.

당연히 부모로부터 자립하는 것 등도 이러한 과제가 된다. 그것은 텔렌바흐가 말한 지금까지 「의문의 여지가 없는 통일성을 유지」[67]했던 세계의 와해라고도 할 수 있다.

그것은 새로운 삶의 형식을 향한 비약(飛躍)이다. 사춘기에는 누구라도 자기변혁에 내몰리게 된다. 텔렌바흐는 그것을 「전개적 성숙(Entfaltungsreifung)」이라고 부른다. 그러나 집단자살을 한 그녀들은 이 인격의 전개적 성숙에 실패하고 말았던 것이다.

물론 실패 그 자체가 나쁜 것은 아니다. 왜냐하면 누구라도 실패하기 때문이다. 하지만 가장 큰 문제는 그 실패를 알지 못한다는 것이다. 실패를 인정하지 못한다는 점이다. 예를 들면 청춘의 시기에 연인으로부터 차일 수 있다. 그래도 그건 언젠가 진정한 연인을 만나기 위한 실연의 과정이다. 그러면서 어른이 되는 것이다. 실연을 통해 자신이 성장하면서 무엇이 진짜 사랑인지도 깨닫게 된다. 그것이 바로 전개적 성숙이다.

---

**67** H. 텔렌바흐, 『멜랑꼴리』, 木村敏 번역, 미스즈書房, 1978년, p.70

# 심리적 성장에 있어 실패의 의미

그러나 예를 들어 우울증이 되기 쉬운 우울-친화형의 인간에게는 이러한 변화에 적응하는 것이 쉬운 일이 아니다. 그래서 여태껏 자신에 매달리면서 변화에 저항한다. 그래서 점점 더 우울해져가는 것이다.

독일의 정신분석학자 아브라함은 우울-친화형의 경우, 「리비도가 구강기에까지 퇴행한다」고 언급한다.

「구강기」라 함은 태어나면서부터 대략 2세 정도까지의 시기이다. 갓난아이는 본능적으로 엄마의 젖을 빨게 되며 구강(구순)은 인간이 최초로 욕구를 채우는 부분이라고 할 수 있다. 이 시기에 구강기 욕구가 채워지지 않은 사람은 「구강기 성격」이 된다. 이러한 구강기 욕구가 충족되지 않으면 극히 사소한 일도 크게 여기는 피곤한 성격이 되기 싶다.

텔렌바흐 역시 우울-친화형이 성격적으로는 구강기 성격임을 언급하고 있다. 문제는 우울-친화형인 사람의 양심 또한 이 시기의 양심이라고 할 수 있다. 그 후 좀 더 큰 관점에서 상대도, 자신도 볼 수 있는 양심으로까지 성장하지 못한다.

우울-친화형의 사람의 양심은 심리적으로 성장하는 데 실패한 사람의 그것이다. 심리적으로 성장하지 못한 사람의 양심이다. 그래서 이 유치한 양심에 그들은 괴로워하는 것이다.

프로이드는 우울형의 사람의 전형적인 양심구조에 대해 분석하였다. 그 결과, 「내재된 애정의 대상은 우울형의 사람의 자아에 큰 부분을 차지하고 있어 자아에 대항하는 강력한 힘이 되고 양심과 결탁하여 심판기관을 형성하게 된다」[68]고 보았다.

어릴 적부터 부모에 동일화되면 부모를 자신 안에 내재화하게 된다. 그래서 자신 안에 내재된 부모가 자신의 마음 안을 점령하게 된다. 이렇게 되면 충분히 자아형성이 되지 않은 채로 청춘기에서 성인으로 성장하게 된다. 이러한 사람은 자신의 자아를 확립하는 것이 두렵다. 자아의 확립이 부모에 대한 반항으로 느껴져서 죄의식을 갖게 되기 때문이다.

체격과 성격 간에 일정한 관계가 있다고 하는 기질유형론을 주장한 독일의 정신과 의사 에른스트 크레치머는 「어제의 정상적인 본능은 이래서 내일의 신경증이 될 수 있다. 알고 있는 바와 같이 부모를 향한 본능적인 결합은 사춘기의 저항의 시기와 마찬가지로 훗날 성인기에 이르

---

68  H. 텔렌바흐, 『멜랑꼴리』, 木村敏 번역, 미스즈書房, 1978년, p.122

반듯한 아이의 범죄심리

기까지 계속될 수 있다」[69]고 주장한다. 또한 「사춘기는 생물학적으로 결정적인 마침표의 시기다」[70]라고도 말한다.

---

69  Ernst Kretschmer, Hysterie, Reflex und Instinkt, Georg Thieme Verlag, 1948
    E. 크레치머, 『히스테리의 심리』 吉益脩夫 번역, 미스즈書房, 1961년, p.177
70  前揭書, p.78

# 성격의 발달이란

　지금까지 언급한 바와 같이 인간은 성장의 중요한 시점에서 좌절하기
가 쉽다. 어느 순진한 성격의 청년은 다음과 같이 말했다.

　"이건 정말 질리지 않을 거라 생각될 정도로 재밌는 것도 언젠가는 질
리게 돼요. 그래서 더 재밌는 것이 나오게 되는 게 아닐까요?"

　사람은 인생에 있어 발달단계의 하나하나를 충분히 체험하고 하나하
나를 졸업함으로써 인격이 발전해 간다고 할 수 있다. 그러므로 사람의
성격은 일정한 단계를 지나 성숙에 이르게 된다. 성격의 발전단계로부
터 미루어 볼 때 사건을 일으키는 사람들의 성격은 그 발전과정 중 어딘
가에서 성장하는 것을 방해받게 되어 그 성장을 멈추게 된 것을 볼 수 있
다.

　이에 대해 보울비는 다음과 같이 설명한다.

　「금세기 대부분에 있어 설득력을 얻고 있는 성격 발달의 모델은 성격

을 일정한 단계를 거쳐 성숙에 이르는 것으로 생각하고 있다. 따라서 성격장애의 여러 가지 유형은 어느 단계에서 일어난 발달의 정지에 기인한다.」[71] 여기에서 「금세기」는 20세기를 말한다.

신체는 물리적인 시간 속에서 성장한다. 하지만 마음은 시간이 지난다고 해서 반드시 성장하는 것이 아니다. 심리적으로는 텔렌바흐가 얘기한 「시숙(時熟)」 - 무르익은 시간, 다시 말해 심리적으로 충실한 시간에 비로소 성장한다.

유아적 원망이 충족되어 소년이 된다. 유아적 욕구가 충족되어 유아기의 발달과제가 해결되고 심리적으로 소년·소녀기에 접어들게 되고 거기에서 나아가 소년·소녀기의 과제가 해결되어 사춘기로 들어선다. 이러한 각각의 시기의 욕구가 충족되어 각각의 시기의 과제를 해결하며 이로써 사람은 심리적으로 성장해 갈 수 있는 것이다. 그래서 과제를 해결하면서 자신감이 붙는다. 이렇게 해서 자아의 확립이 이루어지게 된다.

심리적으로 성장하지 못한 채 사회적으로 적응하는 것을 「의사성장(疑似成長) 즉, 가짜성장」이라고 한다는 것은 앞에서 설명한 바 있다. 사회적으로 훌륭한 중학교, 고등학교 학생이 때때로 사회적으로 좌절하는

---

71  John Bowlby, Attachment And Loss, Volume 2, Basicbooks, A Subsidiary of Perseus Books, L.L.C, 1973
    J. 보울비, 『모자관계이론 2권/분리불안』, 黑田実郎, 岡田洋子, 吉田恒子 공동번역, 岩崎学術出版社, 1977년, p.398

경우가 있는데, 그것은 「가짜성장」이 보여 준 파탄의 사례라고 할 수 있다. 은행 강도를 한 경찰관의 예가 바로 그것이다. 가짜성장해 온 그는 아마도 클럽에서 만난 여성에 의해 유아기에 채워지지 못했던 욕구가 순간적으로 채워졌을 것이다. 그렇게 되면 심리적으로 그것의 포로가 돼 버리고 만다.

이렇듯 채워지지 않은 욕구는 심리적으로 항상 채워질 것을 요구한다. 그래서 그 사람을 내면으로부터 움직이게 만든다. 그래서 충족되지 않으면 결과적으로 그 사람은 심리적으로 언제나 긴장하게 되어 있다. 언제나 마음 밑바닥에서 채워질 것을 요구하고 있기 때문에 심리적으로 긴장하는 것은 너무나 당연하다.

식욕이나 성욕이 육체적으로 충족될 것을 요구하는 것처럼 심리적으로도 동일한 현상이 일어난다. 예를 들면 유아적 욕구가 충족되지 않으면 그 사람이 심리적으로 긴장하는 것은 당연한 것이다. 때때로 그 사람이 심리적인 긴장으로 인해 불면증을 겪게 된다고 해도 결코 이상한 일은 아니다. 하지만 정작 본인은 잠 못 자는 이유를 알지 못한다.

반듯한 아이의 범죄심리

# 모친의 역할을 다른 여성에게 요구하는 남자

현대사회는 「장소와 시숙(時熟)」을 잃어버렸다. 오직 「시간과 공간」만이 존재할 뿐이다.

텔렌바흐가 말한 「시숙(時熟)」이란 시간을 갖고 의미와 내용을 포함하는 개념이다. 봄에는 토필(뱀밥)을 따고, 가을에는 동신제(洞神祭)[72]를 지내면서 1년이 지나간다. 그것이 1년이라는 시숙(時熟)이다. 아침에 끼는 아지랑이 속에서 아침을 맞으며 하루의 일정을 소화하고 그리고 실컷 놀고 나서 석양이 떨어져 밤의 장막이 드리워지면 하루가 끝이 난다.

하루라고 하는 시간은 24시간이다. 1년이라는 시간은 365일이다. 앞서도 말한 바 있지만 육체는 「공간과 시간」속에 살고 있지만, 마음은 「장소와 시숙(時熟)」속에서 사는 것이다. 이 두 가지에서 갭(Gap)이 있

---

**72** 마을의 수호신에게 하는 제사

게 되면 우리는 사회 속에서 그 갭을 메우며 살아가지 않으면 안 된다. 그렇지 않으면 그게 바로「가짜성장」이다.

차례차례로 여러 여성을 전전하는 돈 후안[73]의 행동은 어머니와 같은 여성을 찾는 행위와 다름없었다. 돈 후안이 여성과의 교제에서 감동을 하게 될 때는 그 여성이 어머니의 역할을 다했을 때뿐이다.

어떤 여성이 비누를 자신의 손에 칠하고 나서 그 손으로 그의 몸을 씻어 주었다. 돈 후안은 그 여성과의 연애에서 지금껏 경험해 보지 못한 감동을 느꼈다. 하지만 섹스에 대해선 감동을 느끼지 못하고 기억도 하지 못한다.

그에게 이런저런 여성과의「연애」를 떠올리며 감동한 것은 오직 그 여성이 그의 피부를 문질렀다고 하는 어머니의 역할을 다했을 때뿐이었다. 연인과 섹스를 한 것은 모두 기억에 남지 않았지만 피부를 문질러 줬던 것이나 함께 목욕을 하면서 몸을 씻겨 준 것은 이후에도 생각이 나고 기억에 남게 된 것이다.

그것은 결코「연애」가 아니다. 유아기에 엄마와의 관계에서 충족되지 못했던 것을 연인과의 관계에서 채우려고 하는 몸부림에 불과한 것이다. 그렇기 때문에 차례차례로 여러 여성을 전전하게 된다. 하지만 실제로 어머니와 똑같지 않은 연인들이기에, 그 누구도 그의 빈 마음을 채워 줄 수 없기에, 그는 차례로 상대를 바꿔 가는 것이다.

---

**73** 난봉꾼, 엽색꾼

반듯한 아이의 범죄심리

어머니에 의해 유아적 욕구가 채워진 상태에서 비로소 심리적인 연애의 욕구가 생긴다. 연인의 사랑을 사랑이라고 느낄 수 있게 된다. 그렇게 되기까지는 연인이 아무리 애정 넘치는 여성, 성실한 여성, 아름다운 여성이라고 할지라도 돈 후안과 같은 부류는 결코 연인에게 만족하지 못한다.

연인이 성의를 갖고 해 주는 것에 남자는 기쁘다고 느끼지 못한다. 심리적으로는 아직 세 살의 유아에 머물러 있는데도 서른 살의 남자가 요구하는 것을 상대 여성이 하고 있으니 말이다.

그 서른 살의 남자가 심리적으로도 서른 살에 도달했다면 성실하고 아름다운 연인이 해 주는 것을 기뻐하며 감동했을 것이다. 하지만 신체적으로는 서른 살이었지만 심리적으로는 세 살이기에 만족하질 못한다. 상대 여성은 '이만큼 성의를 다해 보살펴 주었건만…' 하며 못내 아쉬워한다. 그래서 상대에게 실망한다. 결국은 서로에 대해 절망하기에 이른다.

이렇듯 유아적 욕구가 충족되지 않았을 때 어떤 사람은 돈 후안이 되기도 하고 또 어떤 사람은 반듯한 모습으로 열심히 일에 매달리는 집착 성격의 소유자가 되기도 하는 것이다.

# 성숙하지 못한 성격의 유형

앞에서도 말했지만 우울증이 되기 쉬운 집착성격의 사람은 「가짜성장」한 사람이라고 할 수 있다. 「우울증이라고 하는 것은 절망의 바닥으로부터 애정을 구하고 있는 절규다」라고 프롬 라이히만은 말한다. 그리고 그 특징은 「필요와 허무」라고 이야기한다.

전에도 언급했지만 그들은 사회적 성장과 정서적 성숙 간에 균형을 잃었다고 할 수 있다. 「일정한 단계를 거쳐 성숙에 이르는」 성격이 어느 단계에서 멈췄다고 해도 사회적으로, 육체적으로는 성장이 계속된다.

한편 엄마의 배 속에서는 모든 것이 허용된다. 그런 곳에서는 심신(心身)과 더불어 성장한다. 태어나서도 얼마동안은 마찬가지일 것이다. 사회적 규율을 몸에 익히기 전에 사람은 먼저 애정을 받아야 한다.

사람은 어릴 적 부모로부터 사랑을 받아야 어른이 되어 사랑하는 것이 가능하다. 어릴 적에 충분한 사랑을 받지 못한 사람은 좀처럼 사랑할

반듯한 아이의 범죄심리

수 있는 능력을 몸에 지니기가 쉽지 않다.

부모로부터 사랑을 받지 못한 사람은 어쨌든 자기 자신밖에 없다. 자신, 자신, 자신… 그에겐 오로지 자신뿐이다. 결국 좋아하는 대상도 자기 자신이 된다. 이런 사람에게 「누가 좋아?」라고 묻는다면 아마도 자신이라고 대답하지 않을까? 만약 「싫어하는 사람은?」이라고 묻는다면 「나에게 안 좋은 얘기를 하는 사람」이라고 하지 않을까?

부모로부터 사랑받지 못한 사람은 「준다」는 것이 불가능하다. 즉, 사람은 다른 이로부터 충분히 받아야 또 다른 사람에게 「준다」는 것이 가능하다.

사람은 부모로부터 충분히 관심을 받아야 비로소 타인에게도 관심을 갖게 된다. 어릴 적부터 부모를 비롯한 주변 사람들로부터 관심을 받지 못한 사람은 좀처럼 주변 사람들에게 관심을 갖기 어렵다.

사람은 어느 누구도 「자신, 자신」으로 태어나게 된다. 최초에는 「자신」 이외에는 없다. 그러나 부모로부터 관심을 받게 되면서, 그 욕구가 충족되면서 비로소 자연과 주변에 관심을 보이게 된다.

이 시기에 사랑을 받지 못한 과거를 뛰어넘기 위해서는 상당한 시간이 걸린다. 그 때문에 언제까지나 과거에 머물러 있는 사람이 되기 쉽다. 언제까지나 과거에 먹지 못했던 과자를 먹으려고 하는 모습과 같다. 그래서 지금 그것을 먹는다고 해도 이미 그때의 맛이 없으니 그 참맛을 느끼지 못한다. 과거에 머물러 있는 사람은 현재를 살지 못한다. 여전히 과거 속에서 살고 있는 것이다. 그러므로 지금 살고 있는 목적

을 이해할 수 없다. 현재를 살지 못하는 사람이 인생을 사는 즐거움을
알 리 없다.

반듯한 아이의 범죄심리

# 「병적 정상성」이 사건을 일으킨다

살인을 저지른 「반듯한」 소년이나, 은행 강도를 저지른 「반듯한」 경찰 관이나, 집단자살을 한 「반듯한」 사람들이나 이러한 사람들은 어릴 적에 진정한 의미에서 놀아 본 적이 없는 사람들이다.

진정한 의미에서 놀아보았다는 것은 자신의 의지로 놀아보았다는 것을 말한다. 「모두가 모래사장에서 놀고 있으니까 모래사장에 놀겠다」는 것이 아니다. 놀고 있는 아이라 함은 자신의 의지로 놀이를 선택한 아이다.

성인이 되어도 무기력하게 되는 사람 역시 자신의 의지로 선택하면서 살아오지 못한 사람이다. 대학생의 무기력증 또한 마찬가지다. 지금까지 자신의 기준으로 선택을 해 보지 않았기 때문에 어떻게 해야 좋을지 잔뜩 웅크리게 되는 것이다.

비단 학생들뿐만이 아니다. 대학에서 '저 양반은 어릴 적에 놀아 본 적이 없군.'이라는 생각이 들게 하는 교수가 있다. 그런 사람은 대학에서 목적을 잃어버린 사람이라고 할 수 있다. 그래서 학과장 선거나 계열 학부의 원장 선거 때가 되면 한바탕 소란이 벌어지곤 한다. 그들은 명확한 목적이 세워지고 나서야 겨우 활기를 띠게 된다. 그들은 지금 이 순간에도 남은 인생의 시간 역시 모르고 살아갈 가능성이 많다.

어릴 적에 충분히 놀아본 적이 있는 사람은 어른이 되어 사물의 선택이 가능해진다. 어릴 때의 놀이는 아이로 하여금 선택을 할 수 있도록 가르쳐 준다. 사방치기[74]를 하면서 줄넘기를 할 수는 없다. 줄넘기를 하고 싶다면 사방치기를 단념하지 않으면 안 된다. 놀이는 아이로 하여금 그러한 사물의 우선순위를 체득하게 한다. 우선순위를 깨닫게 되면 목적도 알 수 있게 된다.

하지만 어릴 적에 진정한 의미에서 놀아 본 적이 없는 사람은 성인이 되어서도 자신의 인생의 목적을 알 수 없게 된다.

그래서 사회적으로 바람직한 존재로서 자신의 몸의 안전이나 거처를 확보하려고 한다. 그 점에서 텔렌바흐가 얘기한 「긍정적 성질에 대한 고착」[75]이 일어난다. 오히려 바람직했던 성질로부터 발전적인 성장을 하기 어렵게 된다. 다음 성장단계로의 선택이 불가능하다. 그것이 이전에는 정상이었지만 현재에 와서는 「병적 정상성」이 된다.

심리적 성장과 사회적 적응성 간에 균형이 깨질 때가 있다. 그러한 경

---

**74** 일명 '돌치기'
**75** H. 텔렌바흐, 『멜랑꼴리』, 木村敏 번역, 미스즈書房, 1978년, p.295

반듯한 아이의 범죄심리

우 사회적 관점으로는 바람직한 것에 고착되면서 심리적으로는 정체를 낳게 된다.

심리적 성장이 결여되어 있기 때문에 사회적 관점에서 바람직하다고 보이는 것에서 꼼짝달싹하지 못하게 되는 경우다. 그것이 바로 텔렌바흐가 얘기한 「병적 정상성」이라고 본다. 좀 더 구체적으로 말하자면 「근무태도가 성실하고 직장에서도 지역사회에서도 평판이 좋은 경찰관」이고 「세상에서 둘도 없을 만큼 성실한 소년」이며 「이상하리만큼 문제가 없는 완벽한 아이」의 모습이라고 할 수 있다.

텔렌바흐는 병적 정상성이 우울감에 빠져들어 가는 「위험한 근원(根源)」[76]이라고 말한다. 나는 이 병적 정상성이 우울감에 빠질 위험성만 있는 게 아니라 사회적 도리로부터도 크게 벗어나게 되는 「위험한 근원」이라고 생각한다.

신문이나 TV는 「돌발적인 행동」, 「인간의 이중성」, 「영원히 풀 수 없는 수수께끼」 등으로 표현하지만, 그것은 인간의 「심리적 진실」이라는 측면에서 볼 때 너무나도 동떨어진 설명이라 말하지 않을 수 없다.

---

**76** 前揭書, p.294

제6장

# 「결핍동기」와 「성장동기」

## - 인간의 행동과 마음

# 결핍동기와 성장동기

  지금까지 여러 차례 「동기(動機)」를 언급하면서도 이에 대해선 상세하게 설명한 것 같지 않다. 행동은 눈에 보이지만 중요한 동기는 눈에 보이지 않는다.

  동기에는 「결핍동기」와 「성장동기」가 있다고 매슬로우는 말한다.

  「성장동기」는 보다 나은 자신이 되고자 하는 자기실현의 욕구라고 할 수 있다. 「결핍동기」는 부족한 부분을 보충하려고 하는 욕구로, 가족이나 친구에게 사랑을 받으려 하거나, 다른 사람에게 존경받고자 하는 욕구로부터 식욕이나 성욕 등에 이르는 인간의 생리적 욕구까지를 포함한다.

  다시 말해, 결핍동기는 그것이 충족되지 않으면 심신의 건강을 해치게 된다.

  그러한 욕구는 기본적인 것으로 사람이 건강한 삶을 위해 충족시키지 않으면 안 되는 것이다. 그래서 매슬로우의 지적에서 중요한 것은 그러한 기본적인 욕구를 「주체 이외의 인간에 의해, 즉 외부로부터 충족하지 않으면 안 된다」[77]고 하는 점이다.

그 기본적인 욕구를 자신 스스로가 채우지 못한다는 사실이 사는 것을 괴롭고 복잡하게 만든다. 실은 망고를 좋아하진 않지만 "저 사람 비싼 망고를 먹고 있네."라는 소리를 듣고 만족해한다. 엄마로부터 "망고를 먹으니 대단한데…"라는 소리를 듣고 자녀는 만족해한다. 그 망고를 먹는 동기가 바로 결핍동기다. 자신은 망고가 그다지 맛이 없으며 망고가 왜 좋은지를 알지 못한다. 만족하지 못하는 가운데 선택하는 것이 결핍동기다. 반대로 만족하는 가운데 선택하는 것이 「성장동기」다.

사회적으로 문제를 일으키는 「착한 아이」는 대부분 결핍동기에 의해 움직이는 아이다. 이러한 「착한 아이」의 노력은 결핍동기로부터의 노력이라고 할 수 있다. 부모가 자신을 싫어하지 않도록 하기 위해 하는 노력이다. 자신이 좋아하는 그림을 그리는 자녀의 노력이 성장동기로부터 오는 노력이다.

싫어하는 일이지만 모두가 칭찬을 해 준다. 좋아하는 일이지만 누구도 칭찬해 주지 않는다. 어느 쪽의 일을 선택할 것인가? 전자를 선택한 쪽이 결핍동기로부터 움직이는 사람이다.

너무 오랫동안 기본적인 욕구가 채워지지 않은 상태에서 결핍동기로

---

**77** A. H. 매슬로우, 『완전한 인간』, 上田吉一 번역, 誠信書房, 1964년, p.38

반듯한 아이의 범죄심리

살게 되면 차제에 사물에 대한 홍미를 점점 잃어 간다. 타인으로부터 인정받으려고 하는 동기만으로 살게 되면 사물에 대한 자발적인 홍미를 잃어가게 된다. 그렇게 되면 거기서부터 끝이 성장동기로 이어지지 않는다. 오랫동안 결핍동기로 열심히 일하게 되면 차제에 무기력으로 이어지게 되며, 실제 하고 있는 일에 홍미가 없으면 에너지는 오래가지 못한다. 이것이 소진 증후군이다.

자기실현의 행동은 성장동기로부터 오는 행동이지만, 자기영광을 위한 행동은 결핍동기로부터 오는 행동이다.

매슬로우에 의하면 「대부분의 신경증은 그 밖의 복잡한 결정요인과 함께 안전, 소속, 동일화, 친밀한 애정관계, 존경과 명예 등에 대한 충족되지 않은 원망(願望)으로부터 생기게 된다.」[78]

신경증적 성향이 강한 사람은 장기간에 걸쳐 이 기본적 욕구의 만족이 가로막힌 사람이다. 그래서 「신경증은 결핍의 병」[79]이라고 매슬로우는 말한다. 신경증의 정의는 물론 학자에 따라 다르긴 하다. 융은 신경증에 대해 「의미를 알 수 없는 마음의 병」이라고 정의하였다. 조지 웨인버그는 모든 신경증에는 그 안에 억압이 존재한다고 말한다.

---

**78** 前揭書, p.38
**79** 前揭書, p.60

# 애정기아감은 결핍동기로 이어진다

부모가 기본적 욕구를 부모-자식 간의 관계에서 채우게 되면 부모는 자식에게 지나친 애착을 갖게 된다. 자식에게 지나친 애착을 갖는 것에 대해서는 이전에 중학교 2학년 남학생이 아버지, 어머니, 할머니 세 명을 살해한 사건을 다루면서 언급한 바 있다.

자식에게 애착을 보이는 부모 가운데에도 진정으로 자식을 사랑스러워하는 부모가 있는 반면, 자신의 애정기아감을 채우기 위해 자식과 연관되어 있는 부모가 있다. 자식 애착이라고 할 때 그것이 그 부모의 성장동기에 의한 것인지, 결핍동기에 의한 것인지에 대해서는 뚜렷하지 않다. 하지만 표면상으로는 동일한 「자식 애착」이라고 할지라도 자식에게는 천국과 지옥만큼 천지 차이다. 주변엔 가끔 지옥에서 살고 있는 자식을 보면서 천국에 있다고 여기는 사람들도 있다.

매슬로우가 말한 이 「성장동기」와 「결핍동기」라고 하는 단어를 사용할

반듯한 아이의 범죄심리

때 성장동기로부터 사람을 기쁘게 한다는 표현은 심리적으로 바람직하다고 할 수 있지만, 결핍동기로부터 사람을 기쁘게 한다는 표현은 바람직하다고 볼 수 없다.

결핍동기로 행동할 때는 나중에 감사해하지 않아도 이상할 게 없다. 결핍동기라고 하는 것이 안전, 소속, 친밀한 애정관계 등의 기본적 욕구가 결핍되어 있을 때 그것을 충족시키려고 하는 행동을 일으키는 동기이므로 자신이 기대하는 것이 오지 않더라도 이상한 게 아니다. 다른 사람의 마음을 잃게 될 것을 두려워하여 자신의 본성에 반하는 행동을 하는 것도 바로 결핍동기에서 오는 행동이다.

프롬이 얘기한 「쇠퇴(衰退) 증후군」은 결핍동기에서 행동하는 사람들의 현상이다. 다시 말해 네크로-필라스,[80] 근친상간적 원망, 나르시시즘이 충족되지 않아 그것을 충족시키려고 하는 사람들의 증후군이다. 애정기아감은 결핍동기로 이어진다. 기본적으로 친밀한 애정관계라고 하는 것에는 안전, 소속, 등의 욕구가 포함된다.

한편, 성장동기라고 하는 것은 기본적 욕구가 충족되어, 보다 상위의 자기실현의 욕구에 의해 움직이는 것을 말한다. 기본적인 욕구가 충족되어 소위 오감이 풍부하게 되면 심리적으로도 안정되게 된다. 심지가 좋은 따스함이라고 할까, 상쾌함이라고 할까, 아름다움이라고 할까, 맛있다고나 할까 그러한 것들에 대한 욕구도 성장동기다. 그러한 오감의

---

80 죽음의 본능

욕구가 충족되느냐, 충족되지 않느냐는 매우 큰 차이다. 아름다운 소리를 듣고, 멋있는 경치를 보는 그러한 미적 체험은 마음의 안정이 있어야 가능한 것이며 동시에 미적 체험은 심리적 안정에 필요한 것이기도 하다.

성장동기의 성장을 촉진하는 것은 즐거운 것에 대한 체험이다. 초등학교 때 소풍의 즐거움, 설렘과 성인이 되어서 갖는 데이트와 같은 즐거운 경험도 심리적 안정이나 심리적 성장에 반드시 필요한 것이다.

반듯한 아이의 범죄심리

# 기본적 욕구가 채워지는 것이
# 중요한 이유

기본적 욕구가 장기간에 걸쳐 결핍되었을 때 나타나는 특징은 매슬로우에 의하면 다음과 같다. 이하의 「그의」, 「그것」은 '기본적 욕구가 만족되어 있는 것'을 말한다.

① 그의 결여(기본적 욕구가 장기간에 걸쳐 충족되지 않은 것)가
　병을 유발한다.

② 그의 존재(기본적 욕구가 충족되어 있는 것)가 병을 예방한다.

③ 그의 회복(충족되지 않았던 기본적 욕구가 회복되는 것)이 병을
　낫게 한다.

④ 어떤 자유로운 선택의 장면에서 그것이 방해를 받는(기본적 욕
　구가 충족되지 않은) 사람은 또 다른 만족에 앞서 먼저 이것이
　선택된다.

⑤ 건강한 사람에게는 기본적 욕구는 낮고 작용하지 않는다.[81]

지금까지 언급한 것처럼 기본적 욕구가 충족되지 않은 상태에서는 심리적으로도 문제가 된다.

예를 들면 아첨하는 것이 기쁜 사람과 기쁘지 않은 사람, 칭찬받기에 연연해하는 사람, 칭찬을 받아도 특별히 기쁘지 않은 사람이 있다. 기본적 욕구가 충족되지 않고 결핍동기만으로 행동하는 사람은 칭찬받는 것과 치켜세우는 것의 차이를 알지 못해 다른 사람에게 이용당하기 쉽다. 남이 자신을 치켜세울 때 상대는 무언가 이익을 얻고자 하는 것이다.

칭찬하는 것과 치켜세우는 것의 차이는 과연 어떻게 분별할 수 있는 것일까?

자녀를 칭찬하는 사람은 같은 말을 몇 번이고 반복한다. 운동회 때 말을 하자면 "그때 네가 일등상 받았지?"라며 무슨 일이 있을 때마다 반복한다. 하지만 자녀를 치켜세우는 사람은 같은 말을 반복하지 않는다. 상대에 대한 흥미와 관심이 없기 때문에 한번 얘기하고 나면 금세 잊어버리고 만다.

가령 결핍동기만으로 행동하는 사람이 집을 짓는다고 하자. 큰 집을 짓는데, 거실에 샹들리에가 걸려 있다. 주변 사람들로부터 "와, 대단하다."라는 소릴 듣고선 그걸 기쁘게 생각한다. 하지만 주인이 없는 데에

---

81 A. H. 매슬로우, 『완전한 인간』, 上田吉一 번역, 誠信書房, 1964년, p.39

반듯한 아이의 범죄심리

서 "앞으로 청소하려면 힘들겠다."라고 말하는 건 알지 못한다.

결핍동기로 행동하는 사람은 생활 전체가 안정되어 있지 않다. 몸에 걸치는 것이나 가구 등의 조화도 없이 마치 과장님이 벤치에 앉아 있는 모습과 같다. 그뿐인가, 값비싼 그릇 안에 대학 구내식당에서나 볼 수 있을 카레라이스가 들어 있는 것과 같다. 새파랗게 젊은 사람이 그린샤 (Green Car)[82]를 타고 있는 것과 같다. 수입이 빤한 사무직 여성이 밍크 코트를 입고 폼 잡는 것과 같다. 평범한 대학교수가 사회로부터 인정받고 싶어 엄청 호화로운 집에 살고 있는 것과 같다. 혹시 회사의 오너라면 모르지만 말이다. 다시 말해, 결핍동기로부터의 노력은 어딘지 모르게 어색하고 어긋나 있다.

결핍동기만으로 행동하는 사람이 성공을 하게 되면 쓸데없이 생활수준을 넓히는 경우를 보게 된다. 이제 갓 유명해진 평론가가 유명 호텔의 스위트룸에 사무실을 차렸다. 그렇게 되면 주변에는 질 좋은 사람들이 모이질 않는다. 오직 이해관계에 의해서만 움직이는 사람들이 모여든다. 그래서 그런 사람이 씀씀이를 줄이는 경우에는 장황하게 변명을 늘어놓는다. 자신이 일을 벌였으니 자신이 줄인다고 해서 결코 주눅들 일이 아니지만 결핍동기로 행동하는 사람은 무슨 일을 하여도 다른 사람의 평가에 연연해하기 때문에 변명이 많아지게 된다. 불행한 사람은 변명이 많은 법이다. 다른 사람으로부터 끊임없이 호감을 받고 싶어 하기

---

82 일본의 여객열차 중 보통칸에 비해 승객 1인당 점유면적이 넓고 시설이 좋아 별도의 요금을 받는 특별차량

때문이다.

「여성들로부터 인기가 있다」는 것을 은근히 자랑하는 남자도 결핍동기로 행동하는 사람이다. 이것 역시 타인들로부터 인정받고 싶어 하기 때문이다. 성장동기로 행동하는 사람에게는 「인기 있다」고 하는 것보다 「나는 저 여자가 좋다」고 하는 것이 중요하게 된다. 그렇기 때문에 「여성들에게 인기가 있다」고 자만하는 모습은 보이지 않는다.

결핍동기만으로 행동하는 사람은 상대에게 필요한 사람이 되려고 하지만 결과적으로는 필요한 사람이 되지 못한다. 「여기 테이블 좀 닦아 줘!」라는 부탁을 받게 되면 칭찬을 받으려 하기 때문에 30분도 넘게 청소를 한다. 그리고 은근히 칭찬을 기대한다. 그러다 보면 때론 상대의 마음에 들지 않을 때도 있게 된다. 결국 결핍동기만으로 행동하는 사람은 아무리 노력해도 상대의 요구에 어긋나 버리고 만다.

반듯한 아이의 범죄심리

# 성장동기로 행동하는 사람

「성장동기」라고 하는 것은 자기실현의 경향, 자신과 타인의 수용에서 비롯된 동기다.

성장동기로 행동하는 사람은 상대를 위해 분발한다. 그 결과, 상대에게 필요한 사람이 된다. 필요한 사람이 되고자 행동하는 것은 아니지만 결과적으로 주변 사람들에게 필요한 사람이 된다. 그래서 「상대를 위해 더욱더」 분발하게 된다.

성장동기에서는 「만족이 동기를 약화하기보다는 오히려 강화한다.」[83] 고 매슬로우는 말한다. 자신의 적성과 맞는 일은 하면 할수록 점점 더 재미있게 된다.

사람은 결핍동기가 충족되어야 비로소 좋아하는 것을 발견하게 된다.

---

[83] 前揭書, p.51

결핍동기가 충족되어 있지 않은 사람에게 「네가 좋아하는 것을 해!」라고 아무리 외쳐도 이는 당연히 무리다.

산이 좋아서 등산을 하는 사람은 행복하지만, '산사나이(山男)'라는 말을 듣고 싶어서 등산을 하는 사람은 그저 고통스럽다. 결핍동기가 채워지지 않은 상태에서 하는 일은 모든 게 고통스럽다.

여기서 매슬로우의 이야기를 인용해 본다.

「안전, 소속, 애정관계, 존경을 바라는 욕구는 오직 다른 사람만이, 다시 말해 자신 이외의 사람만이 만족시켜 줄 수 있다」 그러한 욕구의 만족을 구하는 사람은 「필요로 하는 만족의 공급원이 되는 사람들에게 신세를 지지 않으면 안 된다」. 그래서 「공급원이 끊어지지 않도록 관대함과 화합을 꾀하지 않으면 안 된다. 그는 어느 정도는『타인 지향적』이 되지 않으면 안 되므로 타인의 인정, 애정, 선의에 민감하지 않을 수 없게 되는 것이다」[84]

정말이지 말한 그대로라고 할 수 있지만, 단지 여기에서 유아기에 애정을 충분히 받지 못한 사람은 일생이 불행하게 되고 만다. 나는 기본적 욕구를 충족시키는 것은 '자연에도 좋고, 동물에게도 좋다'고 생각한다. 또한, 일본에는 「인정을 베푸는 것은 남을 위한 것이 아니다」라는 말이 있다. 다른 사람에게 인정을 베풀면 자신이 오히려 베풂을 받게 된다는 의미다. 이처럼 다른 사람을 배려한다고 하는 형태로 기본적 욕구를 만

---

[84] 前揭書, p.56

반듯한 아이의 범죄심리

족시키는 방법도 있다. 유아기에 충족되지 않은 기본적 욕구를 무엇인가의 방법으로 충족하려고 하는 것이 인간의 지혜라고 할 수 있다.

자신은 벚꽃이라고 생각한다. 하지만 주변에서는 버찌가 달리는 나무를 원한다. 주변에서는 열매가 달리는 나무를 원하고 있다. 그런 경우 결핍동기로 움직이는 사람은 무리를 해서라도 버찌 백 개를 가져다 붙인다. 그러자 주변에서 "와, 대단하다!"고 한다. 그런 소리를 듣는 것이 기쁘다. 그것이 만족의 공급원이다. 거기서 다음 해에는 열매를 천 개 붙인다. 그 다음 해는 만 개까지 이르게 된다… 그래서 일하고 싶진 않지만 필사적으로 일할 수밖에 없게 되는 것이다.

자기실현을 하는 사람은 자신의 잠재적 가능성이나 적성, 창조성을 살려서 자기 자신에 대해 알려고 하는 필요성에 의해 살아간다. 그 결과, 점차 인격이 통합되고 점점 더 자신이 진정 어떤 사람인지를 깨달아 간다. 점차 자신이 정말 원하는 것이 무엇인지를 알아가게 되는 것이다.

혹은 점차 「자신의 사명, 직업, 운명을 자각하고자 하는 욕구」[85]를 지니게 된다. 이렇듯 자신을 깨닫기 위해서는 자기실현을 하면서 살아가야 하는 것이다.

성장동기로 행동하는 사람은 「타인에게 의지하는 경우가 적기 때문에 양가적으로 되는 경우가 드물어 불안이나 적대감, 또는 칭찬이나 애정을 구하는 경우가 적다.」[86]

---

85  前揭書, p.57
86  前揭書, p.57

# 결핍동기만으로 행동하는 사람

그에 반해 결핍동기만으로 행동하는 사람은 「이해관계, 필요성, 집착, 바람이 한층 강하다.」[87] 그것들을 억압하면서 「좋은 사람」을 연기하기 때문에 얼마 안 돼 지치게 된다. 무리가 따른다. 마음의 갈등으로 인해 많은 에너지를 소비하게 된다.

결핍동기만으로 행동하는 사람은 「다른 사람」 자체를 좋아하지 않는다. 그 사람이 자신에게 잘해 주기 때문에 좋아하게 된다. 그 사람이 자신에게 이익을 가져다주기 때문에 좋아하게 된다. 그 사람이 자신의 상황과 맞기 때문에 좋아하게 된다. 자신이 「그 사람」을 좋아하는 것이 아니다. 거꾸로 말하면 자신에게 이익을 가져다준다면 다른 어떤 사람이라도 좋은 것이다.

---

87  前揭書, p.58

반듯한 아이의 범죄심리

결핍동기만으로 행동하는 사람은 맛있는 식사를 만들어 주는 사람이라면 누구라도 좋다. 어떤 사람이라도 좋아하게 된다. 이처럼 그저 단순한 요리사라면 대체하는 것은 얼마든지 가능하다.

성장동기로 행동하는 사람은 「그 사람」이 만들어 준 라멘이기 때문에 의미가 있다. 그래서 라멘을 보면서 그 사람을 떠올린다. 결핍동기로 행동하는 사람은 라멘을 보아도 그 사람이 떠오르지 않는다. 라멘과 그 사람과는 별개다. 그 사람은 단지 요리를 만드는 도구인 셈이다.

「상대를 전체적이고 다면적이며 독자적인 개인으로서가 아니라, 자신에게 도움이 되는가 그렇지 않은가의 견지에서만 보게 된다.」[88]고 매슬로우가 말한 것처럼 결핍동기만으로 행동하는 사람은 '상대가 자신에게 도움이 되는가, 도움이 되지 않는가'라고 하는 관점에서만 사람을 대한다. 그렇기 때문에 상대는 언제든지 대체가 가능하다. 그들은 단지 칭찬 그 자체를 구하는 것이지 상대와 마음의 교류를 구하는 것이 아니기 때문이다.

성장동기로 행동하는 사람은 상대를 도구로 대하는 것이 아니라 독립된 하나의 인격체로 본다. '이 사람이 아니면 절대 안 돼'라는 사고방식은 「결핍을 채우려는 욕구가 강하면 강할수록」 그만큼 자신을 어렵게 만든다.[89]

결국 결핍동기가 심하면 심할수록 상대를 도구가 아닌 독립적인 한

---

88  前揭書, p.58
89  前揭書, p.59

개인으로 보는 것이 어렵게 된다는 것이다.

아무리 가난해도, 아무리 생활이 불안정하다고 해도 이 사람이 아니면 결혼하지 않겠다고 한다. 성장동기로 행동하는 사람은 "난 『이 사람』이 좋다."라고 하는 삶의 방식을 보인다. 하지만 결핍동기가 심하면 심할수록 그러한 생각을 갖는 것이 어렵다.

결핍동기만으로 행동하는 사람은 자기중심적이고 이기적으로 되기 때문에 자기 자신만을 의식한다고 매슬로우는 말한다. 가령 자녀에게 사탕을 준다고 하자. 성장동기로 행동하는 사람은 「그 아이」에게 그냥 사탕을 준다. 결핍동기로 행동하는 사람은 아이의 마음에 들고자 사탕을 준다. 아니면 사탕을 주는 자신을 보면서 자기도취에 빠진다.

「성장한다고 하는 것이 어째서 이렇게 어렵고 괴로운 것일까?」[90]

그것은 인간이 「독립분리의 자유」를 두려워하기 때문이다. 당장의 안전방어에 연연해하기 때문이다.

---

**90** 前揭書, p.72

# 불안에 적응하는 것과 성격유형

　사람은 불안하면 불안할수록 현상에 골몰하게 된다. 불안한 사람은 다른 사람이 무심코 던진 말에도 쉽게 동요한다. 불만이 가득한 사람도 다른 사람이 무심코 한 말에 마음이 흐트러진다.

　예를 들면 한 대학생이 시험문제가 너무 어려웠다고 푸념을 한다. 그러자 옆에 있던 친구가 "난 수업을 듣지도 않았지만 시험 보기 전에 친구 노트 빌려 한번 보았더니 전부 풀 수 있겠던데…"라고 한다. 이 대학생은 친구가 하는 말을 진짜로 받아들여 시험문제를 출제한 교수를 공격하기 시작한다. 그런 말을 한 사람의 마음속은 생각하질 않는다. 재미있는 것은 정작 「전부 다 풀었다」고 하는 사람 그 자신은 불안하고 자신이 없다는 것이다. 마음 밑바닥에 '난 머리가 나빠'라고 하는 열등의식을 갖고 있지만 그것을 인정하고 싶지 않다. 그래서 그는 불안하게 된다. 그러한 자신 없음에 대한 반동형성으로 자신을 과시하고 있는 것에 불과하다. 정상적이라면 시험 보기 직전에 친구의 노트를 본 것만으로 전부 풀 수 있는 시험이 과연 있을 수 있을까?

이와 반대로 "어제 공부했어?"라는 물음에 "전혀 안 했어. 그만 자고 말았어."라고 대답하는 학생이 있다. 그것은 시험을 잘 못 치렀을 때의 방어라고 할 수 있다. 사람은 반동형성으로 말하기도 하고, 방어기제로 말하기도 하며, 공격성을 바꾸어 다르게 말하기도 한다. 불만이 있거나 불안하게 되면 자신의 발언이 크게 영향을 받게 된다.

카렌 호나이는 불안으로부터 도피하고자 하는 다음의 세 가지의 성격 유형을 들고 있다.

① 순종적인 성격(The compliant personality)
② 공격적인 성격(The aggressive personality)
③ 은둔형의 성격(The detached personality)

위 성격유형 각각의 행동 경향은 순종적인 성격의 경우 「영합하는(move toward people)」, 공격적인 성격의 경우 「적대하는(move against people)」, 은둔형 성격의 경우 「사람들을 피하려고 하는(move away from people)」의 특성을 보인다.

그러면 각각의 성격유형에 대해 살펴보도록 하자.

　　　　　　　　　　　　반듯한 아이의 범죄심리

# 순종적인 성격

　이러한 성격은 의존적으로 상대에게 연연해한다. 이 성격은 상대로부터 버림받게 될지 모른다는 불안으로부터 생기게 되는 적응이다. 하지만 타인에게 영합하면 할수록 점점 더 자신 스스로를 신뢰하지 못하게 된다.

　「착한 아이」를 연기하는 자녀들의 대부분은 이 타입의 아이들이라고 할 수 있다. 그들은 부모의 애정을 잃게 될지 모른다는 불안을 지니고 있다. 사랑을 잃게 될 것을 두려워한 나머지 무리해 가며 「착한 아이」를 연기하는 것이다. 버림받을 것을 두려워한 나머지 훌륭해 보이려고 한다. 이것은 이 책의 전반부에서 언급한 반듯한 아이들의 경우와 유사하다.

　버림받을지 모른다는 불안이 있는 사람은 상대의 의견에 반대하는 경우에도 반대라고 말하지 못한다. 반대할 경우 상대로부터 버림받을 것이 두렵기 때문이다. 상대의 태도가 유쾌하지 않아도 "이제 그만해."라고 말하지 못한다. 그렇게 말했을 경우 버림받을 것이 두렵기 때문이다. 하지만 침묵한다고 해서 유쾌하지 않거나 반대의 생각이 해소되는 것은 아니다. 그게 바로 불쾌감이다.

버림받을지 모른다는 불안이 있는 자녀는 그 불안으로 인해 자신이 「하고 싶은 것」을 할 수 없다. 그래서 하고 싶은 것을 할 수 없다는 불만이 점차 아이의 마음에 쌓이게 된다. 그러한 불유쾌한 기억이 마음 밑바닥에 쌓여 감에 따라 상대에 대해 남모르는 적대감을 지니며 성장해 간다.

그러면서 상대에 대해 여간해선 솔직해지지 않는다. 그러니 상대와 함께 있어도 즐거워질 수 없게 된다. 결과적으로 상대와 친밀해지게 되는 능력을 상실하게 된다.

이처럼 이런 유형의 자녀가 성인이 되어서 다른 사람과 친해지는 것이 어렵게 되는 것은 상대의 문제가 아니라 그 사람 자신의 문제라고 할 수 있다.

그러나 이러한 사람이 어릴 적에 부모를 무서워하는 것은 부모의 심리적 갈등이 원인이 된다. 버림받을지도 모른다는 불안을 갖게 되는 원인 그 자체는 따뜻하고 친밀한 부모자식의 관계를 형성하지 못한 것일 수 있다. 부모가 심리적인 갈등으로 괴로워할 때 아이는 부모와의 동일화에 실패하게 된다. 자녀가 부모와의 관계에서 버려질 수 있다는 불안을 갖게 되는 것은 부모에게 원인이 있다.

그러나 성인이 되어 그 사람이 상대와의 관계에서 버림받을 수 있다

　　　　　　　　　　　　반듯한 아이의 범죄심리

는 불안을 갖게 되는 것은 그 상대가 원인은 아니다. 상대가 마음이 부드러운 사람인지 어떤지에 관계없이 그 사람은 버림받을 수 있다는 불안을 지니게 되는 경우가 있다. 그래서 이런 행동을 하면, 혹은 이런 말을 하게 되면 상대와의 관계가 끝나게 되는 것은 아닌지 항상 전전긍긍하며 두려워한다. 예를 들면 상대가 그러한 일로는 그 사람을 버리지 않는다 할지라도 버림받을 수 있다는 불안에 두려워하게 되는 것이다.

이처럼 불안으로부터 자신을 지키기 위해「지나치게 착실」하거나「좋은 사람」이 되려고 한다.

자신의 기분이 다운되어 있을 때에도 맞장구를 치고 마는 그러한 사람이다. 대화가 따분하고 지루해도 혹은 그건 잘못되었다는 생각이 들어도 "그렇군요."라고 동조하고 만다. 그렇게 되면 한편으론 상대를 미워하는 마음이 들기 시작한다. 동시에 겉으론 좋은 사람이라고 여겨지고 싶기 때문에 고마워한다. 하지만 감사할 때에도 그러한 미움은 드러나게 마련이다. 더구나 자신에게 에너지가 없으면 그렇게 된다.

가령 어떤 사람이 성장과정에서 어떤 체험으로 주변 세계에 대해「적대감으로 가득 차 있다」고 느끼게 되었다고 하자. 그렇게 느끼게 되면 성장해 어른이 되어도 무슨 일만 생겨도 두렵게 된다. 아무 일도 없이 순조롭게 일이 풀리면 공포감은 마음 밑바닥에 고요히 머무르게 되지만, 일이 순조롭게 진행되지 않으면 그 무의식에 있는 공포감이 활발히 움직이기 시작한다. 그렇게 되면 두렵게 되는 것은 당연하다. 주위의 세상이 자신에 대해 적의를 가지고 있다는 생각이 들면 누구라도 두려운 법이다.

현실에서는 그럴 가능성이 없음에도 주변 사람들로부터 공격당하는 착각이 엄습한다. 「적에게 공격당한다」고 확실히 의식하고 있지 않더라도, 무언가 알 순 없지만 「무섭다」는 생각이 든다. 의식적으로는 특별히 「주변에서 공격해 온다」, 「누가 때릴 것 같다」라고는 생각하지 않는다. 하지만 체득적으로 알 수 없는 공포감은 무의식 속에 「적으로부터 공격받을 것 같다」고 하는 감각이 들게 된다.

직장에서도, 인간관계에서도, 일이 잘 풀리지 않기 시작한다. 머리로 생각하면 특별히 그 정도로 심각하게 두려워할 일이 아니지만, 왠지 모르게 두렵다. 그것은 무의식에 있던 공포감에 불이 붙어 버린 것이다. 일상의 사소한 실패가 마음의 밑바닥에서 잠자고 있던 공포감에 불을 지핀 격이다.

어째서 주변세계에 대해 적대감을 느끼게 되고만 것일까? 그것은 어릴 적 자신을 부양해 준 사람의 마음에 미움이 가득 차 있었기 때문이다. 가령 부모의 무의식에 적대감이나 미움이 있다고 하자. 아이는 당연히 부모의 무의식에 민감하게 반응하게 된다. 그것이 신경증적 불안이다.

그러한 자녀들은 마치 적에게 둘러싸여 성장해 온 것과 다름없다. 어른이 되어선 머리로 어떻게 생각하는가와는 다르게 느낌으로는 「주변세계는 적의로 가득 차 있다」고 느끼게 된다. 일이 순조롭게 진행되면 그 감각은 마음 밑바닥에서 잠자게 된다. 하지만 살면서 장애물을 만나 걸려 넘어지게 되면 그때마다 불꽃이 튀어 불이 붙고 만다.

반듯한 아이의 범죄심리

나는 대인공포증이라고 하는 것이 PTSD의 일종이라고 생각한다. 이는 어릴 적 부모로부터 심하게 혼이 나서 무서워하게 된 것이다. 그 공포감으로부터 도저히 도망칠 수 없는 심리적 후유증이다. 대인공포증까지는 아니더라도 어릴 적 공포를 체험한 후유증으로 인해 성인이 되어서도 여전히 괴로워하는 것은 인간에게는 그다지 이상한 일이 아니다.

회사에서도 어디에서도 일이 순조롭게 풀리지 않기 시작하자 은둔에 들어가는 사람이 생기는 것 또한 이상한 일이 아니다. 성적이 좋지 않다는 것을 구실로 학교에 출석하지 않는 학생이 생기는 일 역시 이상할 게 못된다.

어느 대학교수의 일이다. 가정에 문제가 있었다. 게다가 대학 개편으로 커리큘럼의 편성작업이 진행되게 되었다. 그런데 그 교수가 희망하던 강의가 없어지게 되었다. 그건 처음부터 보면 그 정도로 특별히 이상한 일이 아니었고 단순히 제도상의 문제라고 할 수 있었다. 물론 주변 사람들은 그 교수에 대해 적대감 같은 것은 없었다. 온화한 사람이라 주변에선 오히려 그에게 호감을 갖고 있었다.

하지만 그 교수에게 일은 순조롭게 풀리지 않았다. 그래서 그는 망상적 피해의식을 갖기 시작했다. 결국 모든 사람이 자신을 그만두게 하려고 한다는 생각을 하게 되었다. 그러자 그 교수는 주변 사람들을 두려워하기 시작했다. 주변 사람들이 연락을 하려고 해도, 전화를 해도 도무지 받질 않았다.

그 교수는 어릴 적부터 지나치게 엄격한 가르침 밑에서 성장한 듯하다. '지나치게 엄격하다'는 것은 부모가 무의식에 증오의 감정을 많이 실어 자녀를 대했다는 것을 의미한다. 그 교수는 어릴 적부터 마음 밑바닥에 주변 사람들을 '적'이라고 느끼며 성장했다. 그래서 일이 잘 안 풀릴 것 같으면 「주변 사람들은 적」이라고 하는 공포감을 그들에게 지니게 된다. 나중에는 동료 교수들뿐만 아니라 학생, 대학의 직원들마저도 두려워하게 된다. 현실에서는 주변 사람들이 그에게 호의를 갖고 있었음에도 불구하고 「적」이라고 느낀다. 실은 두려울 게 없지만 두렵다고 느끼기 시작한다. 물론 의식적으로 분명하게 「주변은 적이다. 두렵다」고 느끼는 것은 아니다. 「왠지 모르지만 싫다. 두렵다」고 하는 신경증적 공포감이다.

「왠지 모르지만 싫다. 두렵다」가 되면 「왠지 모르지만 사람을 만나는 게 귀찮아진다」로 된다. 사람을 만나는 것이 왠지 모르게 두렵게 된다. 무슨 일에든지 소극적으로 변한다. 어느 사이에 자연과 사회활동으로부터 격리되기 시작한다.

그 교수는 학문적으로는 꽤 능력이 있었고 주변 사람들로부터 꽤 좋은 평판을 받았지만 도저히 어릴 때부터의 무의식의 공포감으로부터 벗어날 수 없어 결국 사직을 하고 말았다. 동료 교수들도, 학생도, 직원도 그 교수를 그만두게 하려고 하지 않았지만 주변 모든 사람들이 자신에게 비호의적이라는 생각에 빠져 버리고 만 것이다.

현대 비즈니스맨 가운데에도 같은 부류의 사람들이 많다. 특별히 싫어하지도, 무능하지도, 구조 조정의 가능성이 높지 않음에도 불구하고 모두가 자신을 그만두게 하려고 한다는 생각에 빠진다.

직장 상사와의 면담시간을 갖기 어렵거나, 사무실 복도에서 인사하는 상사의 몸짓 하나하나에 신경이 쓰이게 되고 자신에 대해 상사가 친절하게 반응하지 않으면「본인은 정말 그렇다고 믿어 버린다」. 동료로부터 모임의 공지가 늦게 오거나 동료만 따로 상사를 만났다거나 등등 사소한 일 하나하나가「자신을 그만두게 하려고 하는 증거, 싫어하는 증거」라고 받아들인다.

평소 괜찮을 때야 전혀 마음에 걸리지 않던 것들이 일단 그렇다는 생각이 들게 되면 모든 것을 현재 자신이 빠져 있는 사고의 방향과 연관시켜 생각하며 하나의 중대사로 여기기 시작한다. 특히 민감한 성격의 소유자는 그 정도가 급격히 심해진다.

# 공격적인 성격

한편, 언제나 시비조인 사람이 있다. 다른 사람에게 금방이라도 덤벼들 것처럼 하면서 자신을 지키려고 하는 사람은 흔히 다른 사람을 믿지 않는다. 느닷없이 험한 말을 하거나 심한 비난의 욕지거리를 퍼붓는다거나 이상한 행동을 하는 것으로 분노를 발산한다. 처음부터 보면 무슨 일에든지 「그렇게까지 할 필요가 있었을까?」 하는 아쉬움을 남기곤 한다.

이러한 사람들은 성장의 어느 시기에 인간불신의 늪에 빠져 버리고만 사람들이다. 그래서 다른 사람들로부터 속박되는 것을 극도로 싫어한다. 보울비에 따르면 「병적 자립」이라고 하는 용어가 있지만 여기에 꼭 들어맞는 것 같다.

여기서 말하고 싶은 것은 불만으로부터 생기는 공격을 말하는 것이 아니다. 사람은 욕구불만으로부터 공격적으로 되기 쉽지만 불안할 때도

　　　　　　　　　　　　　　반듯한 아이의 범죄심리

공격적으로 되기도 한다. 여기에서 말하는 것은 불안으로부터 오는 공격적인 성향이다.

이 책의 전반부에서 다뤘던 소년들은 쌓여 있던 불만이 폭발한 결과, 일시적으로 공격적인 성향을 띠게 된 것으로 그들은 여기에서 얘기하려고 하는 「공격적 성격」은 아니다.

앞서 설명한 나가사키현의 11세의 여자 아이가 커터칼로 동급생을 찔러 죽인 사건에서 곁에 있던 변호사가 「완전 정상으로 보인다」고 한 것은 이 점을 간과했기 때문이라고 할 수 있다. 불만의 폭발에 의한 공격이었기 때문에 공격적인 행동을 한 후에는 공격 이전과 비교할 때 다시 정상적으로 돌아오는 것이다. 한편, 불안으로부터 오는 공격적 성격의 경우에는 공격 후에도, 공격하기 전에도 큰 변화는 없다. 그것은 바로 성격적인 것에서 비롯하기 때문에 그렇다.

불안에 대한 반응으로서 공격적으로 된 사람이 바로 여기서 얘기하는 「공격적 성격」인 것이다. 그래서 그런 사람은 실제로 주변이 점점 적이 되어 간다. 자신의 마음속에 끊임없이 주변 사람을 공격하면서 그 사람의 마음속에서는 주변 사람들이 확실하게 적이 되어 간다. 그 결과, 실제로 주변 세계가 그 사람에 대해 적대적으로 되어 가는 것이다.

주변 사람들의 입장에서 보면 자신은 호의를 보였음에도 불구하고 그 호의가 받아들여지지 않고 오히려 공격적인 모습으로 나타난다면 반감을 가지게 되는 것은 어쩌면 당연한 일이라고 할 수 있다.

이러한 공격적 성격의 사람은 늘 주변 사람이 자신에 대해 적의를 갖고 있다는 착각을 하게 된다. 그 착각에 따라 행동하기 때문에 주변 사람들은 실제로 그 사람에게 적대감을 갖게 되는 것이다.

　그렇게 고립되면서 점점 더 불안해지게 되고 점점 더 공격적으로 변해 간다. 이러한 사람은 주변 사람들에 대한 공격을 통해서 자신을 지키려고 한다. 하지만 실제로 주변 사람들을 공격하는 것으로 자신을 지키려고 하는 것은 매우 어렵거나 오히려 역효과인 경우가 많다. 실제 자신을 지키는 것은 주변 사람들과의 소통이라 할 수 있으나, 공격적인 성격의 사람은 그것을 이해하지 못한다.

　「화를 내는 사람이 도로 상처를 입는다」는 말이 있다. 정말이지 말한 그대로다. 불안에 의한 반응으로 공격적인 성격을 가지게 된 사람 역시 상처를 입게 된다. 자신이 상처를 입게 되는 이유는 바로 신경증적 자존심 때문이라고 할 수 있다. 게다가 어려운 일을 맞닥뜨리게 되면 신경증적 자존심은 상대의 기분을 잘못 받아들이게 된다. 상대가 호의로 한 일에 대해서도 악의라고 받아들이고 만다. 그래서 상처를 받게 된다. 실제론 바보가 되지 않았지만 스스로 바보가 되었다고 생각한다. 그래서 상처를 받는다.

　신경증적 자존심의 소유자는 곧잘 상처를 받는다. 그 결과, 늘 화가 나 있다.

　쓸쓸할 때, 자신이 버려지고 만 것은 아닌가 하며 불안해할 때, 연인을 빼앗겨 버리는 것은 아닐까 하는 불안한 상태에 있을 때, 그럴 때 상대에게 맹렬하게 공격적으로 되는 유형의 사람이 있다. 그 비참함을 호소하는 영합(迎合)의 유형과는 정반대의 사람이다. 비참함을 호소하는 유형이 수동적이라고 한다면 이 경우는 능동적이라고 할 수 있다. 책임전가를 하며 다른 사람을 비난한다. 자신에게도 책임이 있다는 것을 전혀 생각하지 않는 유형이다.

상대가 자신 혼자만의 소유가 아니라고 하는 허전함이 몰려올 때, 상대가 자신이 생각한 대로 움직여 주지 않을 때 상대를 공격한다. 상대의 태도를 비난하며 상대의 배려 없음을 공격한다.

공격받는 쪽은 대부분 자신이 공격받았다고 하는 점에만 주의를 집중한다. 그러나 상대가 왜 그렇게까지 공격적으로 되었는가에 대해선 생각할 수 없으므로 자신은 그렇게까지 비난받을 이유가 없다고 생각하며 이쪽 역시 같이 화를 내기 시작한다.

하지만 이 경우 비난이나 공격은 쓸쓸함이나 불안에 대한 감정의 처리라고 할 수 있다. 이쪽의 태도에 문제가 있다기보다는 공격한 쪽의 감정에 문제가 있다는 것이다. 이것은 성격적인 문제다. 불안이 없어지게 되면 공격은 멈춘다. 일반적으로 공격성이 강하다는 게 아니라 어느 시기에 공격적으로 변한다. 감정처리의 방법으로서 공격적이 된다. 따라서 그 혼란스러운 감정이 없어지게 되면 더 이상 공격을 하지 않게 된다.

영합 유형이 의존심이 강한 반면, 이 유형은 적대적 자립심이 강하다. 다른 사람의 힘에 의지하여 살아가려고 하는 것은 영합 유형이지만, 공격 유형은 다른 사람을 쓰러뜨리는 것으로 살아가려고 한다. 영합 유형에 그 무엇도 남지 않는 것처럼 공격 유형에도 아무것도 남지 않는다.

「이런 것을 하고 싶다」면서 거기에 장애가 되는 것과 싸우는 것이 아니다. 단지 자신의 불안을 해소하기 위해 싸우고 있을 뿐이다. 상대보다 우월해지려고 공격하고 있을 뿐이다.

이러한 유형은 삶에서 많은 에너지를 쏟아붓지만 친구도, 직업에서의 성과도, 마음의 평화도 그 무엇도 남질 않는다. 공격하는 것, 그것 자체가 늘 목적이 되고 만다.

일시적으로 공격을 하는 사람과 늘 불안하기 때문에 상대를 공격하는 사람이 있다. 늘 불안하기 때문에 상대를 공격하는 사람은 일시적인 감정처리의 경우와는 다르다. 일시적인 감정처리로 상대를 공격하는 사람은 순수하고 애정이 풍부한 경우도 많지만 늘 불안하기 때문에 상대를 공격하는 사람은 애정을 전혀 체험해 보지 못한 사람이다.

반듯한 아이의 범죄심리

# 은둔형의 성격

불안할 때 자폐적으로 되는 사람이 있다. 고립하게 되는 성격이다.

사람은 무시당하면 상처를 받는다. 이때, 「순종적인 성격」과 같이 영합하는 사람이 있는가 하면, 「공격적인 성격」과 같이 공격적으로 변하는 사람도 있다. 그에 비해 자신의 주변에 방어벽을 치는 사람도 있다. 이런 사람이 「은둔형의 성격」에 해당한다.

이러한 사람은 주변 사람들과 자신과는 공통된 것이 그다지 없다고 느낀다. 혼자 틀어박히는 것에 적응한 아이는 자신의 주변 세계와 직접적인 방법으로는 교류나 대처가 불가능하다고 느끼게 된다. 타인으로부터 멀리 떨어져서 고립하게 되고 자주 아프게 되는 경우도 있다.

혼자서 할 수 있는 취미 등으로 자신을 격리시키기도 한다. 공상의 세계에 빠져드는 경우가 많아지게 된다. 다른 사람을 믿지 못하게 된다. 「너 같은 사람은 알 수 없어」라는 느낌이다.

이런 사람은 「누구도 나를 이해해 주지 않아」라고 하지만, 제삼자가 볼 때 이런 일은 「흔히 있는 이야기」다. 일본의 엔카[91]는 이러한 성향의 마음을 노래한 곡이 많다. 자기부정적 교류라고 할 수 있다. 술과 눈물과 괴로운 운명. 세상에서 스스로를 격리시킨 채 자폐적으로 되어 간다. 이러한 유형은 자기연민의 세계에서도 존재한다.

현실로부터 고립되어 점차 무반응으로 되어 간다. 현실과 접촉하지 않음으로써 자신을 지키려고 한다. 은둔함으로써 현실에서 상처받는 것으로부터 자신을 지키려고 한다. 현실로부터 격리되어 자신의 세계를 구축하기만 하면 상처받는 일은 없을 것이라고 생각한다. 사상, 종교, 혹은 취미 등등 무엇이든 좋으니 상처받는 것으로부터 자신을 지킬 수 있는 그 무엇을 찾아내고 그것에 의지해 살아가려고 한다.

백주몽(白晝夢)[92]이 많은 사람이다. 사람과의 대화가 아니라 자신 속에 있는 사람과 이야기한다. 혹은 자신과 이야기한다. 언제나 자신이 머릿속으로 꿈꿨던 세계를 혼자서 이야기한다. 다른 사람과 나누는 것이 아니라 혼잣말만 하게 된다.

---

**91** 일본의 대중음악 장르의 하나로 일본인 특유의 감각이나 정서에 기초한 음악. 주로 바다, 술, 눈물, 여자, 비, 눈, 이별 등의 소재를 중심으로 남녀 간의 슬픈 사랑을 그리는 경우가 많다.

**92** 백일몽이라고도 하며 사전적 의미로는 한낮에 꾸는 꿈이란 뜻으로, '헛된 공상'을 비유하여 이르는 말이다. 자신에게 충족되지 못한 욕망이 직·간접적으로 충족되는 비현실적인 세계를 생각하거나 상상하는 과정 또는 그러한 꿈을 말한다. 현실세계에서 인간은 자신의 과도한 욕망을 저지하려고 행동하기 마련인데, 백주몽은 그 저지 상황을 해결하는 일종의 도피현상이다(네이버 지식백과).

반듯한 아이의 범죄심리

미운 오리새끼의 이야기를 쓴 안데르센의 세상 속에서 산다. 공상적인 세계에 빠져들면서도 자기현시[93]의 욕구가 강한 사람이다. 안데르센은 1875년에 70세의 일기로 사망하기까지 일생 동안 156편의 동화를 썼다. 그는 고립된 혼자만의 세계에서 불안을 극복하기 위해 작품활동을 계속해 갔다.

---

93 자기를 드러내거나 과시하려는 성향

# 내적 갈등에 대한 적응

교류분석의 뮤리엘 제임스는 마음의 갈등에 대한 적응 유형으로 다음의 세 가지를 들고 있다. 그 가운데 「순종형(complying)」과 「은둔형(withdrawing)」의 두 가지는 카렌 호나이의 주장과 거의 같다.

하지만 세 번째로 들고 있는 것이 「지연형(procrastinating)」이다.[94] 인격에 문제를 안은 채 적응해 버린 아이는 무언가를 하려고 하는 의도, 그것을 행동으로 옮기는 것을 지연한다고 한다. 처음 한 발자국도 내딛지 못한다. 지연하는 것은 달리 얘기하면 간접적 공격이다.

이 세 가지에 공통되는 심리적 특징은 다른 사람과 좋은 소통을 하지 못한다는 점이다. 마음 밑바닥에 불안이나 적의가 자리하고 있기 때문

---

**94** Muriel James, Dorothy Jongeward, Born To Win
『자기현실의 도(道)』, 木明寬. 織田正美. 深澤道子 번역, 社會思想社, 1976년, pp.216~226

반듯한 아이의 범죄심리

에 솔직해지기 어렵다. 그렇다고 불안이나 적의를 표현할 수도 없다.

나무는 뿌리를 뻗으며 위로 성장해 간다. 사람이 이처럼 자연적인 성장을 한다는 것은 그때그때의 과제를 해결해 가면서 성장하는 것을 말한다. 그때그때의 과제를 해결하는 것으로 뿌리를 뻗게 되고 그 기반이 튼튼해지는 것이다. 나무뿌리의 부분이 심리적 성장에 해당하고 흙 위에 보이는 줄기와 잎사귀의 부분이 사회적 성장이라고 볼 수 있다. 뿌리가 튼튼하게 뻗어 있지 못할 경우, 바람이 불면 나무는 바로 쓰러지고 만다.

지금까지는 불안에 대한 비생산적인 대응방식에 대해 언급하였다. 그렇다면 불안에 대한 생산적인 대응방식은 무엇인가? 그것은 다름 아닌 「소통」이다.

인간의 심리적 성장의 기본이 바로 소통이라고 할 수 있다. 소통이라는 바탕 위에서 자기실현을 할 수 있고, 정체성을 확립할 수 있으며, 현실 속에서 자신을 수용할 수 있어 중·고등학생이 되어서도 점차 책임감을 갖춘 인격체로 성장하게 되는 것이다.

# 맺음말
# – 행동과 마음에 대하여

　마지막으로 다시 한번 「행동과 마음」에 대하여 생각해 보고 거기에서 있을 수 있는 문제들을 생각해 보고자 한다.

　다른 사람들에게 친절을 보인다거나, 다른 사람들을 기쁘게 한다면 그것을 놓고 누구도 잘못된 것이라고 생각지 않는다. 어떤 사람이라도 그것은 바람직한 일이라고 생각할 것이다. 하지만 친절이랄까, 상대를 기쁘게 하는 행위의 동기는 과연 어디로부터 오는 것일까?

　애정, 배려, 다정한 마음에서 오는 친절, 공포감으로부터 오는 친절, 고독감으로부터 오는 친절, 그리고 자기무가치의 관점으로부터 오는 친절, 규범의식으로부터의 친절, 나르시시즘(자기애)로부터의 친절, 지배욕구로부터 오는 친절 등등 이외에도 매우 많은 동기들을 생각할 수 있다.

　사회적으로 바람직한 행동을 하는 동기라고 해서 심리적으로 반드시 바람직한 것만은 아니다. 친절뿐만이 아니라 일반적으로 사회적으로 바람직한 것을 하는데 있어서 빠지기 쉬운 위험성이 있다. 사회적으로 바람직한 것이 꼭 「해야만 하는 것」인지는 모르겠으나, 그 이상으로 「해야만 하는 것」이 있기 때문일 것이다.

그것은 지금 자신이 처해 있는 현실을 마주하지 않은 채, 사회적으로 「해야만 하는 것」으로 도망치려고 하는 위험성을 말한다. 그래서 지금 하고 있는 행동이 사회적으로 훌륭한 것이기 때문에 자신이 하고 있는 행동이 잘못되었다고 생각하는 것이 쉽지 않다.

예를 들면 아이들의 뒷바라지를 하거나, 부모에게 효도를 한다거나, 자원봉사활동을 한다거나 등등의 행동을 한다고 해서 그것을 나쁘다고 할 사람은 아무도 없다. 나 또한 그것들을 물론 「해야만 하는 것」이라고 생각한다. 하지만 그것이 과연 지금 그 사람에게 있어 이 세상에서 그 무엇보다도 가장 먼저 해야만 하는 일인지는 또 다른 문제다.

예를 들면 남편과 아내 사이에 불신감이라고 하는 문제가 있을 수 있다. 그러나 그 문제에 직면하는 것은 두렵고 괴롭다. 그렇게 되면 그 문제로부터 다른 쪽으로 눈을 돌려 가령 아내는 아이의 뒷바라지를 지나치게 하는 것으로 도망치려고 하는 등의 행동을 보일 수 있다. 혹은 남편은 연로하신 어머니를 돌보아 드리기도 한다. 아니면 자원해서 봉사활동에 매진할 수도 있다.

이런 경우 자녀의 뒷바라지를 하며 연로하신 부모를 돌보아 드리고 자원해서 봉사활동을 하는 것을 꼭 해야만 하는 것이 아니라고 어느 누가 얘기할 수 있는가? 누가 어떻게 생각하든 그것은 당연히 「해야만 하는 일」인 것이다.

그러나 중요한 것은 사회적으로 바람직한 행동을 한다고 해서 그 행동을 하는 동기가 반드시 바람직하다고 할 수는 없다는 점이다. 「어떤 상황에 직면하고 싶지 않기 때문에」라는 동기로 사회적으로 바람직한 것으로 인정받는 행동으로 「도망치는」 사람이 많기 때문이다.

사회적으로 바람직한 행동을 하는 사람은 자신의 선의를 의심치 않는다. 실제로 사회적으로 바람직한 행동을 하는 사람은 선의로부터 그것을 하게 된다. 하지만 그 선의에 의해 자기 자신이 지니고 있는 문제가 해결되는 것은 아니다. 오히려 그 선의가 상황을 더욱 악화시키기도 한다.

부부 사이에 심각한 불신감이 있다고 하자. 그 불신감에 정면으로 마주하지 않고 회피하면서 남편은 회사일에 열중하고 아내는 자녀의 교육에 열중했다고 치자. 이런 케이스에서는 대체로 자녀의 교육이 잘 이루어지기 어렵다. 이 경우 자녀는 엄마, 아빠 사이에 드리워진 불신감을 민감하게 감지하게 되고 그것이 자녀의 심리적 성장에 어두운 그림자를 드리우게 된다. 이때 자녀에게 과도한 기대를 하며 높은 결과를 바라면서 공부를 강요하게 되면 어느 순간 부모-자녀 간의 관계에 왜곡이 일어나기 시작한다.

그렇게 되면 자녀 교육에 에너지를 쏟아부었던 어머니로부터 「난 여태껏 이렇게 열심히 한다고 하는데 어째서…」라는 불만이 터져 나온다.

남편은 「나는 회사에서 이렇게 열심히 일하고 있는데 어째서 집구석은 제대로 되는 게 없지?」라며 아내와 자녀들을 나무라게 된다. 그들을 책망하면 할수록, 불만이 쌓이면 쌓일수록 상황은 악화된다.

당사자들은 모두 「어째서 나만 이래야 하지?」라며 탄식한다. 하지만 어느 한 사람도 그 사태를 초래한 당사자가 자신이라고는 생각하지 않는다. 그들 모두 자신은 사회적으로 바람직한 행동을 하고 있기 때문에 자신에게 그 원인이 있다고 생각하지 않는 것이다.

자신의 내면은 살피지 않은 채, 자신의 밭은 일구지 않은 채 다른 사람의 내면을 살피려 하고 다른 사람의 밭을 일구려 하는 사람들이 이 세상엔 너무 많다.

이 책을 읽게 되면 「반듯한 사람」, 「온순한 사람」, 「훌륭한 사람」과 같은 표면적인 행동의 이면에 얼마나 힘든지, 괴로운지를 알아줬으면 하는 마음이 있음을 알 수 있다. 그러므로 반듯한 사람의 행동의 이면에 공포심이, 온순한 성격의 이면에 증오심이, 훌륭한 사회인의 행동의 이면에 유아적 원망(욕구)이 도사리고 있을 수 있다는 점을 이해해 주기를 바라는 마음이다.

본문에서도 언급했지만 무엇보다 중요한 것은 행동이 아니라 마음을 보려고 하는 노력이다. 알기 쉽게 얘기하자면 「사람을 마음으로 판단하려고」 하는 것이다. 다른 사람을 마음으로 판단하게 되면 많은 의문이 해결된다.

이 책에 등장하는 반듯한 사람들은 그 어디에도 설 곳이 없었던 사람들이다. 가정에서도, 직장에서도, 학교에서도… 단지 표면적인 반듯함으로 우선의 거처를 삼으려고 했던 사람들이다.

반듯한 소년은 「공부해!」라는 소리를 들으면 일단 「네.」라며 대답하는 것으로 자신이 거할 곳을 만든다. 중·고등학교 시절 반듯했던 학생은 후에 직장에서 상사나 동료, 부하의 일을 대신 해 주는 것으로 거처를 삼았다.

만약 그렇게 행동하지 않았다면 그들에겐 거처가 없는 것이나 다름없었기 때문이다.

「거처가 없다」는 것은 그곳에서 사랑을 받지 못하고 있다는 것을 의미한다.

그러한 거처가 없는 사람들을 이해하는 데 몇 가지의 중요한 개념이 있다. 프롬의 「신경증적 비이기주의」라고 하는 개념, 매슬로우의 「의사성장(가짜성장)」이라고 하는 개념, 텔렌바흐의 「병적 정상성」이라고 하는 개념들이다. 이들 개념을 분명하게 이해하는 것으로 그 본질을 이해할 수 있다.

더더욱 중요한 것은 그것들의 정의를 단순히 「익히는 것」이 아니라 현대에 적용할 수 있는 개념으로서 자기 나름의 것으로 바꾸어 보는 것이다. 그러한 작업이야말로 좌절한 「반듯한 사람」을 이해하는 데 있어 정말 중요하다고 생각한다. 행동은 비이기주의이나 마음은 신경증이고, 행동은 정상이지만 마음은 병들어 있다. 사회적으로는 성장하였지만 마음속에는 정서적 미성숙으로 가득하다. 그들의 심리상태를 통해 인간의 행동, 그 속에 자리 잡고 있는 마음을 이해하는 것이 중요하다는 것이다.

한 가지 더 말하자면, 이 책에서 언급한 신문기자들은 대체로 앞에서 예로 들었던 사회적 사건을 일으킬 수 있는 「온순한 사람」, 「반듯한 사람」, 「훌륭한 사람」이 아닌 경우가 많았을 것이라는 점이다. 따라서 이런 유의 사건에 대한 기사나 해설이 어딘가 이상할 수밖에 없었을 것이다.

아마도 자신과 다른 유형의 사람이기 때문에 이해하기가 매우 어려웠을 것이다. 나는 언론 관계자들은 대체로 비억제형의 사람들이며 사건을 일으킨 반듯한 사람들은 억제형의 사람들이라고 생각한다.

또한 「반듯한 사람은 범죄를 일으키지 않는다」거나, 「온순한 사람은 폭력을 휘두르지 않는다」거나, 「다투지 않는 가족은 사이가 좋다」거나 등등… 그렇게 우리에게는 사물을 기존의 카테고리에 집어넣어 생각하려는 경향이 있다. 그래서 사태를 정확하게 이해하기도 전에 이러한 기존의 카테고리, 선입관에 집어넣고 거기에 얽매이게 되는 것이다.

반듯한 사람, 온순한 사람, 명랑한 사람, 이러한 사람들은 「그렇고 그런 사람」이라고 하는 기존의 카테고리에 집어넣어 사물을 해석하려고 한다. 그것에 맞지 않으면 「도대체 왜? 어째서인가?」라는 의문을 갖는다.

우리들은 다양한 확신 속에서 생활한다.

하버드 대학의 심리학 교수인 엘렌 랑거가 우리들의 그러한 태도를 「mindlessness」라고 부른다는 것을 이 책에서 설명하였다. 반대로 유연하고 새로운 카테고리로 사물을 생각할 수 있는 태도는 「mindfulness」라고 부른다.

관점을 바꾸어 사물을 보면 새로운 해결책이 보이기 시작한다.

만약 「반듯한」 아이들의 범죄를 새로운 관점에서 다시 볼 수 있다고 한다면 「반듯한」 청소년의 범죄뿐만 아니라 우리 생활의 제반 문제의 해

반듯한 아이의 범죄심리

결에도 도움이 되지 않을까 싶다.

자신은 열심히 하는데도 불구하고 어째서 일도 인간관계도 잘 풀리지 않느냐며 푸념하는 사람은 먼저 자신의 언행과 행동의 동기를 반성해 보아야 한다. 그래서 사물을 보는 관점을 보다 다양하게 가져야 하는 것이다. 그렇게 하면 노이로제가 될 정도로 매달리지 않아도 여러 가지 일들이 한층 더 잘 되어 간다는 느낌을 틀림없이 갖게 될 것이다.

이 책의 내용은 실제로 대학교에서 강의한 내용을 대폭 축소한 것이다.

또한 정신분석이론으로서 이 책에 수록된 부분은 「왜 정신분석이론을 배우는가?」라는 문제의식에 해당하는 부분이다. 이 강의 후 저자는 약 1여 년에 걸쳐 주된 논의로서 「무의식」에 대한 강의를 하였다는 점을 마지막으로 밝혀 둔다.

그밖에 지면의 제한으로 자세한 설명을 생략한 것도 많았다는 점을 독자들은 양해해 주기 바란다. 예를 들면 신경증 등에 대한 것으로 이것 역시 간략하게 설명한 것에 불과하다. 참고로 저자는 신경증이라고 하는 주제에 대해 「마음의 역사」라고 하는 제목으로 반년에 걸쳐 강의를 한 바 있다.

이 책에서는 지면의 제한으로 마치 쥐어짜는 느낌으로 글을 썼다. 실은 쥐어짜듯 쓴 내용의 원고를 편집하고, 다시 거기에서 4백자(字) 원고지 약 백 장의 분량을 줄였다.

이 책의 주제를 줄이면 어떨까 싶어 줄인다고 했지만 다 쓰고 나니 전체 10권이 되고 말았다. 독자들은 그 점을 감안해서 읽어 주면 좋겠다.

이 책을 내면서 주변으로부터 정말 많은 도움을 받았다.

이 책의 기획에 대한 얘기가 본격적으로 나온 이후에는 책의 내용에 대해 강의한 적은 없지만 「정신분석이론」이나 「심리학」을 강의할 때 몇 번 나온 적이 있다.

또한 아직 어린 五十嵐 선생은 45년 이상 책을 써 온 저자와는 출판에 대한 경험에서 상당한 차이가 있었음에도 불구하고 그것을 뛰어넘기 위해 참고 열심히 노력해 주었다.

이 책이 출간될 수 있도록 그동안 열의를 보여 준 데 대해 지면을 빌려 심심한 감사를 표한다.

반듯한 아이의 범죄심리